우리 위에는 하늘뿐
일상생활의 종교

카이로스 시리즈 04
우리 위에는 하늘뿐: 일상생활의 종교

지은이/ 돈 큐핏
옮긴이/ 안재형
펴낸이/ 홍인식
초판 1쇄 펴낸날/ 2022년 12월 30일
펴낸곳/ 한국기독교연구소
등록번호/ 제8-195호(1996년 9월 3일)
경기도 고양시 일산동구 고봉로 32-9, 양우 331호 (우 10364)
전화 031-929-5731, 5732(Fax)
E-mail: honestjesus@hanmail.net
Homepage: http://www.historicaljesus.co.kr.
표지/ 디자인명작
인쇄처/ 조명문화사

Above Us Only Sky: The Religion of Ordinary Life
Copyright ⓒ 2008 by Don Cupitt
All rights reserved. Korean Translation copyright ⓒ 2020 by Korean Institute of the Christian Studies. This translation published by arrangement with Polebridge Press. Printed in Seoul, Korea.

이 책의 한국어판 저작권은 Polebridge Press와 독점계약한 한국기독교연구소에 있습니다. 저작권법에 의하여 한국 내에서 보호를 받는 저작물이므로 무단전재 및 복제를 금합니다.

ISBN 978-89-97339-92-1 94230
ISBN 978-89-97339-55-6 94230 (세트)

값 14,000원

카이로스 시리즈 04

우리 위에는 하늘뿐
일상생활의 종교

돈 큐핏 지음 안재형 옮김

Above Us Only Sky
The Religion of Ordinary Life

한국기독교연구소

Above Us Only Sky

The Religion of Ordinary Life

by

Don Cupitt

Santa Rosa, CA: Polebridge Press, 2008.

Korean Translation by Ahn Jae-Hyong

이 책은 강릉옥토교회(담임 이상기 목사)의
출판비 후원으로 간행되었습니다.

Korean Institute of the Christian Studies

목차

서문 __ 7

일상생활의 종교 無 __ 11

지지하고 대체하기

철학

1. 비판적 사고 __ 25
2. 지식 __ 34
3. 진리 __ 40
4. 형이상학이 끝난 이후의 실재 __ 47
5. 언어와 바깥없음성 __ 55
6. 삶, 그리고 나의 삶 __ 63
7. 삶의 한계 __ 69
8. 내버려 두기 __ 77
9. 불가능한 사랑 __ 82

종교

10. 해결책: 태양처럼 살아가기 __ 91
11. 해결책: 인도주의적 윤리 __ 98
12. 해결책: 예술 __ 103
13. 해결책: 커밍아웃 __ 107
14. 객관적 가치가 없는 윤리 __ 112

왜 옛 종교들은 이제 죽었는가

15. 종교적 신앙 체계와 정치적 이데올로기 __ 117
16. 빛의 영역, 둘러싼 어둠 __ 123
17. 우리는 선한 사람들, 나머지는 악한 사람들 __ 127
18. 사랑의 하느님, 증오의 하느님 __ 133
19. 조직화된 종교: 진리, 정치, 권력 __ 136
20. 탈근대성: 세계화 대 종교적 '극단주의' __ 140
21. '검은' 독재에 대한 세속의 반격 __ 145
22. 허깨비 신학(Spectral Theology): 어른거리는 하느님의 영들, 객관적 실재, 절대 지식, 순수한 사랑, 영원한 행복 __ 149
23. 잊어라! 잊어라! __ 155

태양처럼 살아가기와 문화적 갱신

24. 정체성 없이 사는 법 배우기 __ 159
25. 객관적 실재 없이 사는 법 배우기 __ 173
26. 상징적 표현 속으로 지속적으로 죽음으로써 살기 __ 176
27. 우리의 세상, 우리 공통의 민중 예술 작업 __ 181

현재주의

28. 현재와 같은 시간은 없다 __ 187

서문

세계화 시대에는 사람, 돈, 생각, 상품 등이 나라 사이에 대규모로 이동한다. 모든 것이 작동하는 방식인 '체계'가 모든 곳에서 어느 정도 비슷하다면 편리할 것이다. 그런데, 놀라울 정도로 이미 그렇게 되었다. 달력, 사회 행정, 현금 경제, 과학기술, 교육 및 보건체계, 교통, 미디어 등이 대부분의 장소에서 매우 비슷하다. 더욱이 전 지구적인 단일 문화가 존재하고, 인류애에 관해 전 세계적으로 단일한 대화가 존재한다.

이 모든 것과 더불어 국제연합과 세계인권선언은 자유민주주의적이고 인도주의적(humanitarian)이고 사회주의적인 다양한 전통들과 함께, 단일한 세계 도덕 용어를 제시하는 쪽으로 몇 걸음 나아갔다.

하지만 우리에게 단일한 세계 **종교**(a single world religion)가 있는가? 전통적으로 '세계 종교들'이라고 묘사되는 고대의 신앙전통들은 모두 특정 지역에서 기원하여, 특정 언어와 백성과 얽혀 있고, 여러 면에서 그 정점을 지난 지 오래되었다. 오늘날에는 전 세계적으로 지역 분쟁에서 분파간 원한을 더하는 데 주로 종교가 눈에 띄는 정도다. 조직화된 종교의 명성은 곤두박질쳤고, 수많은 자유주의자들이 종교에 대해 이제는 너무나 오랫동안 너무나 많이 참아왔다고 느끼는 것이 전혀 놀랍지 않다. 종교는 인간의 안녕에 심각한 위협이 되었고, 이제부터 선의의 사람들이라면 최선을 다해 지역적으로, 국가적으로, 국제적으로 모든 단계에서 공공의 삶에 미치는 종교의 영향을 줄이기 위해 노력해야 한다.

나는 이제 샘 해리스(*The End of Faith*, 2004) 같은 사람이 비판하는 조직화된 종교에 대한 비판을 거의 다 받아들인다. 하지만 진정한 세계 종교는 있지도 않고 있을 수도 없다는 주장에 대해서는 반대한다. 왜냐하면 새롭고 진정한 세계적 종교 의식(a new and truly global religious consciousness)이 최근 몇십 년 사이에 조용히 세계 여기저기서 태동하기 시작했기 때문이다. 여기에는 어떤 눈에 보이는 조직이 필요하지도 않고, 어떤 특별한 비이성적인 교리적 주장도 하지 않는다. 이는 전통적인 것이든, 우주적인 것이든, 사회적인 것이든, 더 높은 권위를 더 이상 '올려다' 볼 필요를 느끼지 못하는 사람들을 위한 일상생활의 종교(the religion of ordinary life)로서, 세속적이고, 순전히 현세적이며, 일상생활을 철저히 민주적으로 긍정하는 것이다. 기독교를 문화적 배경으로 한 이 종교는 세속적 프로테스탄트(secular-Protestant)이자 탈이데올로기적(post-ideological)이다. 그 주된 지적 과제는 우리 시대와 같이 괴롭고 심하게는 허무주의적인 시대에, 어떻게 삶을 열렬히 긍정할 수 있는지를 설명하는 것이다.

나는 1998/99년(*The New Religion of Life in Everyday Speech*, 1999)에 이 새로운 종교를 처음 발견했고, 우리의 일상 언어 표현으로 그 도착을 알리기 위해 애썼다. 지난 십수 년 동안 나는 일련의 책을 통해[1] 그것이 무엇인

---

[1] 이들 책에는 런던의 SCM 출판사에서 발행한 매일 연설 삼부작인 *The New Religion of Life in Everyday Speech*, 1999, *The Meaning of It All in Everyday Speech*, 1999, *Kingdom Come in Everyday Speech*, 2000 등이 포함된다. 그런 다음 캘리포니아 샌타 로자의 폴브릿지(Polebridge) 출판사에서 *Life, Life*, 2003, *The Way to Happiness*, 2005, *The Great Questions of Life*, 2006 등의 후속 삼부작이 나왔다. 또 다른 생각들은 *Solar Ethics*, SCM Press 1995, reprinted 2005, *Philosophy's Own Religion*, SCM Press 2000,

지, 그것이 무엇을 포함하는지, 그것이 진정 학수고대하던 참된 세계 종교의 견해인지를 좀 더 명확하게 하고자 했다. 이 책에서는 그것을 체계적으로 설명하고자 한다. **내가** 가진 불쾌한 사상을 **여러분에게** 주입시키려 하는 것이 아님을 알아주기 바란다. 나는 여러분이 이미 생각하고 있거나 앞으로 생각하게 될 것을 보여주려는 것이다. 이 새로운 종교는 신에 의해 우리에게 계시된 것도 아니고, 어떤 개인 창시자에 의해 발명된 것도 아니다. 이것은 모든 인류의 전 세계적인 대화를 통해 현재 떠오르고 있는 것이다. 바로 **우리 스스로**가 마침내 하나의 진정한 신앙을 만들고 있는 것이다. 그것은 그저 삶 그 자체에 대한 열정적인 종교적 감정일 뿐이다. 즉 투쟁인 것이다.

이 새로운 종교는 태양처럼 살아가는 것(solar living)이다. 우리는 삶, 그리고 전통적으로 시간, 우연, 죽음 등으로 기술된 삶의 한계를 수용하며 기쁘게 긍정한다. 우리는 더 이상 삶에 관한 진실을 베일로 가리기를 원하지 않으며, 어떻게든 그 한계를 초월할 수 있기를 꿈꾸지 않는다. 우리의 종교는 지금 즐겁게 즉각적으로 있는 그대로의 삶에 참여하는 것이다.

이것이 의미하는 것은 우리의 기원이자 급할 때 도움의 근원이요 우리의 마지막 본향인 초자연적 세계(a supernatural world)에 대한 믿음을 버렸다는 것이다. 그 과정에서 우리는 어쩔 수 없이 우리가 물려받은 교회 형태의 기독교, 초자연적 믿음과 교회의 권위 구조를 크게 강조한 기독교를 떠날 수밖에 없었다. 전통적인 기독교는 이제 우리에게는 구약 같은 존재다. 시대에 뒤처지긴 했어도 그 역사를 공부하면 우리가 어디에서 왔는지, 어떻게 현재의 우리가 되었는지를 알 수 있는 유용한 것이기 때문이다.

그럼에도 불구하고 우리는 중요한 의미에서 여전히 기독교인으로 남아

Emptiness and Brightness, Polebridge Press 2001, *The Old Creed and the New*, SCM Press 2006 등을 통해 처음으로 제시되었다.

있다. 초자연적인 믿음과 교회의 권위가 끝난 이후에도 기독교 전통은 여전히 살아 있고 여전히 빠르게 발전하고 있다. 제2차 세계대전 이후 비판적 사고, 체계적 **자기**비판과 끊임없는 개혁을 내용으로 하는 기독교 영성이 현대의 과학, 기술, 비판적 역사, 자유민주주의 등의 영역을 통해 전 세계로 확산되었고, 마찬가지로 기독교 윤리가 인권과 인도주의적 감성에 대한 담론 속에서 확산되었다. 이러한 기독교 윤리는 처음부터 하느님의 법(Divine Law)으로 인간의 삶을 통치하던 것이 이제는 훨씬 더 좋은 것으로 대체되었다는 생각에 근거한 것이고, 이제 마침내 그런 생각이 온전히 구현된 것을 볼 수 있다. 기독교는 예수와 바울 때부터 지금까지 유신론 종교(theistic religion)가 종교적 휴머니즘(religious humanism)으로 바뀌어 온 전통이며, 하느님이 인간이 되어 온 전통이다. 그 과정에서 '인간 동료애' 윤리(an ethic of human-fellow-feeling)가 과거의 '하느님의 법' 윤리(ethic of Divine Law)를 대체한다.

따라서 그 역사적 과제를 완수함으로써 교회 기독교(ecclesiastical Christianity)는 종말을 맞게 되고, 우리는 여전히 기독교인이면서 탈기독교적인(post-Christian) 우리 자신을 발견하게 된다. 물론 새롭고, 현세적이고, 분파적이지 않은 방식이긴 하지만 말이다.

돈 큐핏,
케임브리지에서, 2007년

일상생활의 종교

無

 지금까지 거의 모든 종교는 매일의 세속적인 인간 삶의 영역인 불경한 세상과 거룩한 세상이라는 커다란 두 영역 사이를 분명하게 구분하는 것에 근거하고 있었다. 일상 세상의 다양한 단편들이 이 두 세상의 접촉이나 상호작용을 중보하기 때문에 '거룩하다'고 여겨진다. 따라서 거룩한 땅, 거룩한 백성, 거룩한 언어, 거룩한 문서, 거룩한 장소, 건물, 의식(ritual) 등등이 있었다. 영들과 신들의 은혜와 축복을 얻는 것이 매우 중요했기 때문에, 우리가 신의 임재, 용서, 은혜에 접근할 수 있도록 정해진 다양한 통로를 매우 귀하게 여겼다.

 여기서 드는 의문은, 왜 일상의 삶이 초자연적 은혜가 없으면 견딜 수 없거나 불가능하게 되었느냐 하는 것이다. 종교적 중보(religious mediation)를 위한 강력한 기관이 왜 그렇게 중요해졌을까? 간단히 말하자면, 인간이 매우 걱정이 많고 필요가 많았던 것 같다. 우리의 무지, 삶이 불안정하다는 느낌, 그리고 죽음의 확실성이 너무나 압도적이라서 인간의 상태에 관한 사실을 차분하게 정면으로 응시하면서 자주적이고 만족스러운 세속적 삶을 살아갈 수 있는 사람은 거의 없었다. 인간은 그저 보호를 위한 정교한 이야기(fictions)와 중보 종교(mediated religion)라는 온갖 기관 없이는 도무지 살아갈 수 없었다.

현대에 들어, 특히 1850년경 이후, 모든 것이 바뀌었다. 종교의 거룩한 세상과 인간의 매일의 생활 세상(life world)이 합쳐지게 되었고 동일하게 되었다. 이는 마치 군주제와 카스트, 즉 계급사회가 서서히 쇠퇴한 것과 어느 정도 비슷한 방식으로, 그리고 훨씬 더 비슷한 이유로 역사의 종말처럼 여겨졌다. 그리고 마지막 형태의 정치 조직으로서 자유민주주의가 등장한 것 역시 (적어도 어느 정도는) 역사의 종말처럼 여겨졌다. 두 경우 모두 한때 '절대'(absolutes)라고 여겨졌던, 그리고 인간의 안녕에 영원히 필요한 것처럼 여겨졌던 어떤 위대한 규율 기관들(disciplinary institutions)이 이제는 더 이상 유용하지 않게 되었다고 말할 수 있다.

종교의 경우 나는 우리가 지금까지 알고 있는 내용으로 볼 때, 종교의 종말(the end of religion)은 사람들이 더 이상 종교법의 지배를 받을 필요가 없거나 초자연적 존재에 대한 이야기나 믿음의 지원을 받을 필요가 없을 때 도래하게 된다고 주장하는 바이다.[1] 그 대신에 종교는 직접적인 (immediate) 것이 되었다. 즉 이제 종교는 우리 자신의 삶에 대한 우리의 태도에 관한 것이고, 전반적인 인간의 삶이라는 거대한 흐름에 맞추어가는

---

1) 심각하도록 저급한 '근본주의' 종교의 부흥을 근거로 세속화 이론이 틀린 것으로 판명났고 '하느님이 돌아왔다'고 주장하는, 기레기의 글 같은 허튼소리는 무시해야 한다. 사실 철학자들은 하느님과 초자연적 세계의 존재에 대한 신선하면서도 강력한 주장을 발견하지 못했고, 성서 비평학자들은 성서가 실제로 무오하다는 점을 찾지 못했지만, 어쨌든 삼위일체와 성육신(화육) 등 정통교리를 빠짐없이 가르치고 있다. 반면 모든 형태의 전통적인 정통 종교의 지적 입장은 서서히 악화되어, 현대의 종교 지도자들은 자신이 수호해야 하는 정통에 대한 온전히 체계적인 변호의 글을 쓰지 못한다. 탁월한 철학사학자인 포프킨(R. H. Popkin)은 하느님과 세상에 관한 기독교 철학을 총력적으로 변호한 글은 1678년 커드워스(Cudworth)의 글이 마지막이었다고 생각한다. 최근에 상황이 좋은 쪽으로 달라졌다고 생각하는 기자의 신문 기사는 모두 무시되어야 한다.

것으로 보는 방식에 관한 것이다.[2] 종교는 삶과 그 기본 조건, 즉 삶의 일시성, 삶의 불안정성, 우리의 자유, 우리가 맞게 될 죽음 등을 놓고 협상하는 방식에 관한 것이다. 종교는 우리가 그저 일상의 단순한 삶을 살면서 어떻게 영원한 기쁨을 찾을지에 관한 것이다. 우리는 더 이상 어떤 식으로든 '위를' 쳐다보지 않는다. 즉 우리가 워낙 열심히 사는 요령을 배워왔기에 우리는 더 이상 과거의 두려움으로 심각하게 어려움을 겪을까봐 두려워하지 않는다.

이 사건은 성경에 예언되어 있다. 예를 들면, 새 언약에 대한 예언자 예레미야의 약속, 사도행전의 오순절 이야기, 하느님 나라가 땅에 임하는 것에 관한 이야기의 오랜 전통 등 말이다. 후대의 기독교 전통에서는 중세 말 17세기 네덜란드와 같은 개신교에서, 무엇보다 프랑스 혁명 이후 자유민주주의와 산업사회의 중산층 지도력의 등장 속에서, 세속 영역이 자기주장을 하기 시작했다. 대략 1870년 이후 경제 상황과 위생 상황이 좋아지면서 도시의 일상생활이 갑자기 안전해졌고, 달라졌다. 하지만 '새로운 삶의 종교'(the new religion of life)에 대한 최근의 선언 중에서 가장 놀라운 것은 아마도 1960년대 젊은이들의 저항적 대중문화가 절정에 달한 것이다. 과거 세대의 전통과 권위가 죽게 되었고, 유럽은 이전보다 훨씬 더 전반적으로 세속화되었다. 조직화된 종교는 그 후 급속도로 쇠퇴하였다.

나는 다른 곳에서 내가 기술하고 있는 변화의 현실에 대해 회의하는 사람들을 설득하는 가장 좋은 방법이 최근 40년 동안 언어 속으로 몰려들어 온 삶에 관한 새로운 표현들(new idioms of life)을 연구하는 것이라고 주장한

---

[2] 신앙을 잃고, '하느님'에 관해 이야기하기를 멈추고, 대신 그 대체물로 '삶'이라는 단어를 사용하기 시작한 19세기 저자들의 흥미로운 사례가 많이 있다. 존 러스킨(John Ruskin)이 그 중 최고이다. 다른 사람들로는 하디(Hardy)부터 로렌스(Lawrence)에 이르기까지 다양하다.

바 있다. 그 결과를 보면, 종교적 관심의 상당 부분이 하느님에서 삶으로 이전되었다는 것을 부인할 수 없을 것이다. 우리가 비평가인 리비스(F. R. Leavis)의 후기 작품에서 보듯이, 삶 그 자체가 종교의 대상이 되었다. 나는 삶을 받아들여야 하고, 내 삶에 대한 통제력을 가져야 하고, 내 삶을 내 방식으로 살아야 하고, 사람들이 '살아있다는 느낌'(the feeling of being alive)이라고 부르는 것을 즐겨야 하고, 삶을 격렬하게 사랑하고, 그 삶을 최선을 다해 살아내야 한다. 삶에 대한 단호하고 용기 있는 믿음, 그리고 삶에 관여하여 삶을 최대한 활용하겠다는 결단이 걱정과 죽음을 이겨내는 관문이며, 이를 통해 인간 공동의 생활 세상을 구축하는 데에 (또한 새롭게 하는 데에) 우리가 작게나마 기여하면서 '삶의 만족'을 찾는 방법을 알게 될 것이다.

간단히 말해, 이것이 여기서 다룰 내용이다. 나는 이 새로운 보편적 인간 종교(new universal human religion)에 대해 변증할 필요를 느끼지 못한다. 왜냐하면 이 종교가 현재 전 세계 곳곳에서 조용히 자리를 잡아가고 있기 때문이다. 나나 다른 누군가가 도움을 줄 필요가 없는 것이다. 하지만 나는 최대한 간단명료하게 그 '조직신학'을 제시함으로써 사람들이 우리가 잃고 있는 것과 우리가 얻고 있는 것을 좀더 잘 보게 되기를 바란다. 그래서 여기에 매우 간략한 개요와 약간의 추가 설명이 있는 것이다. 읽으면서 잊지 말아야 할 것은 이 내용의 거의 또는 전부를 이미 여러분들이 알고 있다는 점이다. 나는 뭔가 새로운 것 또는 듣도 보도 못한 것을 소개하는 척 하지 않겠다. 내가 제시하는 것은 이미 매우 평범한 것이다.

1. 삶/생명

1. 삶/생명은 모든 것이다.

   삶/생명은 인간의 전체 세계이며, 모든 것은 인간 세상이 기대하는 것, 그리고 실제로 세상을 가진 유일한 존재, 즉 살아갈 삶을 가진 인간에 의해 경험되는 것이다.

2. 삶/생명이 존재하는 모든 것이다.

   우리 시대는 이제 탈형이상학적(post-metaphysical)이다. 삶/생명의 세상은 더 이상 다른 영역에 의존하거나 거기서 출발하지 않고, 삶/생명의 세상 이후나 그 너머에 다른 세상은 없다.

3. 삶/생명에는 외부가 없다.

   모든 것은 내재적이고, 서로 연결되어 있고, 부차적이다. 모든 것은 삶/생명 속에 있다. 우리가 태어날 때 우리는 이 세상 **안으로** 들어오는 것이 아니고, 우리가 죽을 때 우리는 세상을 **떠나는** 것이 아니다. 우리가 삶/생명에 관한 '절대 진리', 최종 진리를 볼 수 있는 절대적 관점 같은 것은 없다.

4. 생명은 하느님이다.

   생명은 "우리가 그 안에서 살고 움직이며 존재하는" 것이며(행 17:28), 우리는 그 안에서 형성되고 우리는 그 과거의 일부로 남는다. 우리의 궁극적 기원과 마지막 끝은 생명 안에 있다. 이제 생명은 우리에게 하느님과 같다.

5. 삶/생명을 사랑하는 것이 하느님을 사랑하는 것이다.

   우리 삶의 모든 순간이 우리에게는 최종적인 것이고, 우리는 모든 삶/생명을 거룩한 선물이자 책임으로 여겨야 한다. 우리는 생명과의 관계를 하느님과의 직접적인 관계인 것처럼 보아야 한다. 우리는 우리 자신뿐만 아니라 모든 생명이 자연스럽게 삶을 사랑하고, 삶을 긍정하고, 삶에 매달리는 방식에 감동을 받는다.

6. 삶/생명은 상징적 표현과 교환이 지속적으로 흐르는 과정이다.
언어의 움직임은, 형성되어 '명확한' 세상의 출현보다 논리적으로 앞선다. 이런 점에서 "태초에 말씀이 있었다"는 말이 나온 것이다.

2. 생명과 나의 삶

7. 나의 삶은 생명 속에서 내가 개인적으로 차지한 부분이다.
지금까지 영혼과 하느님의 관계로 여기던 것을 이제는 내 삶과 보편적인 생명 사이의 관계 형태로 경험하게 되었다. 지금까지 종교에서 우리의 첫째 책임은 우리 영혼의 구원이었듯이, 이제 인간의 첫째 임무는 지금까지 내가 살아온 삶과 나에게 남은 삶이 나라는 것을 깨닫는 것이다.

8. 내 삶/생명은 내가 가진 모든 것이며, 그리고 내가 가질 모든 것이다.
나는 세 가지 의미에서 내 삶을 **소유해야** 한다. 나는 내 삶/생명을 온전히 내 것으로 주장해야 하고, 내 삶/생명을 떠맡아야 하고, 내가 내 삶/생명을 살아감에서 모든 책임을 져야 한다. 나는 내 삶/생명을 진짜로 내 것으로서 살아야 한다. 진짜로 내 것으로 사는 것은 '거짓으로 사는 것'의 반대로서, 우리 각자가 전체 삶/생명에 공헌하기 위해 노력해야 하는 것 중 첫 부분이다.

9. 모든 인간은 원칙적으로 삶/생명에서 동일한 지분을 가지고 있다.

이 원칙은 동료 인간을 향한 정의와 사랑에 대한 우리의 생각에 필수적이다. 다른 사람을 죽이거나 공격하는 것은 그 피해자가 누구든 어디서나 동일하게 심각하게 여긴다. 하느님 사랑은 모든 생명에 대한 사랑이 될 때까지 무제한으로 퍼지는 '이웃' 또는 동료 피조물에 대한 사랑과 동료애다.

10. 인간관계에서 순서로는 정의가 최고지만, 가치로는 사랑이 최고다.
    우리는 사랑을 가장 소중한 것으로 여겨야 한다. 하지만 사랑은 정의에 근거해야 하며, 특히 부모/형제의 사랑과 성적 관계에서 그러하다. 정의의 역할은 사랑을 위한 평평한 공간을 닦는 것이다.

3. 삶의 한계

11. 삶에는 한계가 있다. 삶에서는 모든 것이 일시성의 지배를 받는다.
    삶에서는 모든 것이 시간의 1차원 단방향(one-way) 움직임 안에 붙잡혀 있고 그 지배를 받는다. 사람들의 말처럼 삶은 편도 승차권(a single ticket)이다. 두 번째 기회 또는 재시도는 없다.

12. 삶에서는 모든 것이 우발적이다.
    삶에서는 시간이 1차원 단방향으로 움직이기 때문에, 모든 순간이 최종적이고 모든 기회가 마지막 기회다. 하지만 동시에 모든 것이 우발적이다. 최종성과 우발성의 이 고통스런 조합 때문에 사람들은 운이나 운명에 대해 말하게 된다. 더 중요한 것은, 삶에서 고정되거나 변하지 않는 절대는 없다는 것이다. 명확하게 영구적으로 고정된 실재, 정체성 또는 기준 같은 것은 없다.

13. 삶/생명과 삶의 세상 속에 있는 모든 것은 언어로 매개된다.

언어가 경험 세계를 밝히는 방식의 결과는 의식(consciousness)이고, 자신에 관해 이야기하기 위해 언어를 사용하는 것의 결과는 자의식(self-consciousness)이다. 우리 머릿속 어딘가에서 언어가 불완전하게 움직인 것이 생각(thought)이다.

14. 생명은 계속되지만 내 삶은 유한하다.

우리가 스스로 대비할 필요가 있는 유일한 죽음은 우리가 사랑하는 다른 사람들의 죽음이다. 우리는 우리 자신의 죽음을 결코 경험하지 못한다. 따라서 우리는 마지막 날까지 그저 삶/생명을 사랑하고 삶을 긍정해야 한다. 죽음에 대해 다른 식으로 대비하는 것은 아무런 의미가 없다.

4. 삶/생명에 대한 믿음

15. 내가 삶/생명을 신뢰하고, 삶을 사랑하고, 삶에 나 자신을 헌신한다면, 나는 삶과 삶의 한계를 일괄 구매한 것이다.

전통신학에서는 '악'을 원래 완벽했던 세상에 침입한 부차적인 것으로 보고, 따라서 제거할 수 있는 것으로 보지만, 전통적으로 '형이상학적 악' 또는 '불완전의 악'이라고 부르는 삶의 한계는 삶에서 필수적인 것이다. 하느님과 달리 삶은 유한하고 불완전하며, 따라서 더도 말고 덜도 말고 있는 그대로 수용해야 한다. 만약 일괄 구매를 원치 않는다면 나에게 주어진 대안은 '수동적 허무주의' 또는 철저한 허무주의뿐이다. 삶의 종교를 위한 변증은 비관주의가 불합리하다는 것을 보여주는 형태를 취한다.

16. 삶에 대한 일괄 구매는 재협상할 수 없다.

그 거래는 재협상할 대상이 없다. 우리는 삶이 우리에게 주어질 때의 계약 조건을 바꿀 수 있다고 희망할 수 없다.

17. 삶은 달콤쌉싸름하다. 달콤쌉싸름한 게 달콤하기만 한 것보다 훨씬 낫다. 고전적인 천국 그림에서는 모두가 33살이고, 모두가 똑같이 보이고, 모든 것이 무덤 위의 조화처럼 기묘하게 죽어 있다. 실제 삶에서 우리는 결점, 결함, 오점, 약해지고 나이든 티가 나는 것들을 사랑한다. 죽을 수밖에 없는 현실적인 것들이 이상적인 것들보다 훨씬 더 사랑스럽다.

18. 우리는 결코 불평해서도 안 되고, 불평할 필요성을 느껴서도 안 된다. 우리는 삶/생명을 온전히 긍정적으로, 그리고 정확히 있는 그대로 사랑해야 한다. 기본적으로 모두에게 같은 조건이 주어지고, 다른 추가 제공은 없다. 피해자 의식, 망상, 불평은 설 자리가 없고, 우리는 그런 것을 우리 체계 밖으로 몰아내야 한다. '왜 하필 나야?' 하는 말은 말하지도 말고 **생각하지도** 말라.

5. 태양처럼 살아가기(Solar Living)

19. 삶/생명은 (주는 자는 없지만) 날마다 새로워지는 선물이고, 진정한 종교는 '태양처럼' 살아가는 것을 표현하는 것이다.
믿음으로, 아무런 조건이나 제약 없이, 나는 내 안에서 생명이 샘솟도록 해야 하고, 그 생명이 나를 통해 상징적 표현으로 쏟아 부어지도록 해야 한다. 그렇게 나는 '나 자신을 온전하게 만든다.' 우리는 우리 자신을 표현함으로써 우리 자신이 된다.

20. '태양처럼'이란 창조적으로 죽음으로써 사는 것이다.
태양처럼 살아간다는 것은 내가 항상 죽어가고 있기 때문에 죽음으로써 사는 것이다. 나의 상징적 표현 속에서 나는 나 자신을 온전하게 만든다. 하지만 그리는 동안 나는 즉각 다음으로 넘어가면서 그때의 자신을 뒤로 남기게 된다. 나는 나 자신의 삶에 **집착해서는** 안 되며, 나 자신의 생산물이나 표현된 자신에 집착해서도 안 된다. 나 자신, 그리고 내 모든 사랑은 계속해서 나아가도록 풀어놓아져야 하며 계속해서 새로워져야 한다. 따라서 죽음이 더 이상 나에게는 두려움이 아니다. 나는 이미 죽음으로부터 삶의 길을 냈기 때문이다.

21. 태양처럼 살아가는 것은 커다란 기쁨과 행복을 일군다.

나의 상징적 표현은 나의 사랑 또는 나의 일 가운데 나 자신을 향한 탐구 과정에서 쏟아져 나오면서 다양한 형태를 취할 수 있다. 이 모든 영역에서 지속적인 풀어놓아줌과 새롭게 함을 통해 기쁨이 생성되고, 때때로 그것이 솟구쳐 우주의 행복으로 넘쳐흐르기도 한다. 전통적으로 최고선(Summum Bonum)이 삶의 '주된 목표'였다면, 현대에는 이러한 '우주적' 행복이 그와 동등한 것이다.

22. 최고선조차 단번에 뒤로 남겨야 한다.

나, 내 모든 표현, 심지어 최고선(Summum Bonum) 자체도 모두 덧없는 것이다. 영원한 행복이면 한 사람의 삶 전체가 가치 있었다고 느끼기에 충분할 수 있다. 하지만 그조차 결국 덧없는 것이다. 그저 놓아 보내길.

6. '실재하는 세상의 종말

사람들이 '실재'라고 부르는 것은 그저 힘(권능)이나 습관의 영향일 뿐이다.

23. 실재: 인식과 해석의 게으르고 부주의한 습관의 산물.

사람들은 고정성과 불변성을 바깥의 실제 세상 탓으로 돌리지만, 사실은 그들 자신의 게으른 습관의 영향일 뿐이다. 그들은 스스로 게으른 생활에 빠져 있다.

24. 이미 만들어진 바깥의 실재는 없다.

바깥에 이미 만들어진 의미심장함 같은 것은 없고, 바깥에 객관적 진리 같은 것도 없다. 의미는 언어 안에서만 발견할 수 있고, 진리는 진실한 진술에만 속한다. 삶/생명이 언제나 언어로 감싸여 있기 때문에 삶의 세상에 있는 모든 것은 언제나 우리가 그것을 기술하는 데 사용하는 언어에 의해 형성되고, 살아있는 언어 속에서 모든 것은 언제나 변화한다. 우리 자신, 우리의 언어, 우리의 세상 등은 모두 언제나 바다처럼 변화한다. 객관적으로 영원히 고정된 것은 아무것도 없다. 아무것도 그럴 수 없다.

25. 우리 자신이 유일한 창조자이다.

우리가 비판적으로 의식하게 되면서 객관적 세상은 녹아 없어진다. 따라서 세상의 수많은 추정된 특징들이 그저 우리가 세상을 기술하는 데 사용하는 언어의 특징들일 뿐임이 드러난다. 이제는 비판적 사고가 객관적 실재를 소멸시켰고, 우리에게 남은 것은 우리 인간의 모든 행동과 대화의 흐름인 인간의 전 세계 망(wold-wide web)과 그 망이 생산하는 변화하는 합의된 세계상뿐이다. 우리의 세상은 우리가 공동으로 작업한, 부분적으로 실수가 있는 민속 예술 활동이다.

26. 허무주의와 창조적 자유

안정된 실재하는 세상(real world)도 없고 영속하는 실재적 자아(real self)도 없다. 그렇다고 실망할 필요는 없다. 우리에게는 우리 자신과 우리 세상을 새롭게 만들 자유가 있다. 태양처럼 살아감으로써 우리 각자는 개인적으로 헌물을 드릴 수 있다. 즉 삶에 대한 작은 기여를 봉헌물로 드릴 수 있다.

7. 죽음

27. 생명 속으로의 죽음

삶에 집착하지 않은 채로 삶/생명을 끝까지 사랑함으로써 나는 내 삶의 마지막에 보편적인 생명의 흐름 속으로 죽어갈 수 있다. 죽음에 대한 유일하게 현명한 준비는 태양처럼 살아가는 것이다.

*****

이상의 27개 문구를 통해 나는 (내 생각에) 서양의 거의 모든 사람들이 이미 믿고 있는, 또는 앞으로 믿게 될 삶/생명의 종교의 간략한 조직신학을 제시하려고 노력하였다. 이 종교는 이미 우리의 일상 대화 속에 구축되어 있다. 어떤 사람들은 이 종교를 삶의 철학(독일어로 *Lebensphilosophie*)이라고 기술하고 싶어 할 수도 있다. 다른 사람들은 종교의 역사적 발전과정의 마지막 단계라고 생각하고 싶어 할 수도 있다. 이 마지막 단계는 기독교가 19세기에 "땅 위에 하느님 나라 건설하기"(building the Kingdom of God on earth)라는 구호를 통해 고대하던 것이다. 어느 것이 되든 나는 상관없다. 그게 그다지 중요한 것 같지 않으며, 나는 특정한 교리 형태나 특정한 전문용어를 선호하지도 않을 것이니까.

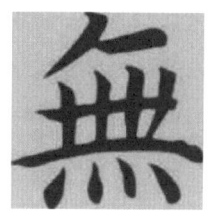

지지하고 대체하기

철학

1. 비판적 사고

　오래된 '세계 종교들'은 대부분 철학 전통과 밀접한 관련 속에 발전해 왔고, 오늘날에도 이들 종교의 중심 사상을 제대로 이해하려면 어느 정도 철학이 필요하다. 예를 들어, 유대인, 기독교인, 무슬림의 하느님이 제우스나 주피터, 보탄이나 오딘 등으로 다양하게 불리던 청동기시대 종교의 하늘 아버지(sky Father)와 전혀 다르다는 점을 이해하려면 하느님의 형이상학적 특성─무한성, 영원성, 단일성, 무감정성 등─을 이해해야 한다. 또한 하느님과 제우스 사이의 엄청난 차이를 깨닫지 못한다면, 기독교에서 예수가 하느님의 '아들'이라는 개념과 반신(demigod)인 헤라클레스/헤르쿨레스가 제우스/주피터의 아들이라는 개념 사이의 엄청난 차이를 알 수 없게 된다.
　그 결과는 심각할 수 있다. 내가 아는 어떤 기독교인은 최근에 영국인 무슬림에게서 "너희 기독교인들은 하느님이 동정녀 마리아와 성관계를 가졌다고 믿고, 예수가 하느님의 아들이라고 믿는다"는 말을 듣고 충격을 받았다. 이 발언은 오늘날 아무런 철학도 없고 기독교에 대한 지식도 별로 없는 수많은 무슬림들이 기독교를 이교(pagan) 종교로 보고 있다는 점과, 현대 기독교인들이 철학을 잃었고, 하느님과 그리스도에 관한 언어 사용에서 너무 조심성이 없어서 무슬림의 오해를 사는 것이 당연하다는 점을 말해 준다.

요약하자면, 유대인과 기독교인과 무슬림 모두에 공통인 표준 윤리적 유일신사상(ethical monotheism)이 우리에게 온 것이 단순히 하느님의 자기 계시를 통해서가 아니라는 것이다. 거기에는 이미 철학이 전제되어 있다. 유일신사상은 알렉산더 대제 시대로부터 시작해 수세기에 걸쳐 서서히 발전하다가 기원후 4세기에 니케아 공의회 이후 완성되었으며, 처음엔 그리스 신학자들이 시작했고, 가장 큰 영향을 끼친 것은 히포의 성 아우구스티누스였다. 하느님에 대한 이러한 정통 교리는 모세와 플라톤의 결합이라고 볼 수 있는데, 하느님에 대한 유대인의 글이 필로, 클레멘트, 프로클로스, 플로티노스 등 플라톤 전통에 있는 일련의 철학 배경을 가진 작가들을 통해 체계화되었기 때문이다. 중세의 절정기에 유대, 기독교, 아랍 철학자들은 모두 같은 그리스의 형이상학적 하느님 개념을 공유했다. 이것이 너무 오랜 기간 너무 영향이 컸기에 오늘날에도 일부는 여전히 후기 플라톤주의 또는 '신'플라톤주의를 (자기들 생각에) 위대한 세계 종교 모두 또는 대다수의 기초가 되는 '영원한 철학'(the perennial philosophy)이라고 말한다.

그러므로 '전통적인' 종교 신앙을 이해하려면 후기 플라톤주의 철학에 대해 어느 정도 알아야 한다. 그런데 플라톤은 서양 사상의 또 다른 위대한 전통인 비판적 사고(소크라테스로부터 시작된)라는 전통의 주된 초기 근원이기도 하기 때문에 문제가 복잡해진다. 플라톤이 우리에게 기독교에 양분을 주고 살을 찌운 형이상학과 결국 기독교를 무너뜨린 변증적 사고방식 또는 의심하는 사고방식 모두를 제공했다는 점은 아이러니다.

비판적 사고는 서양의 영광이다. 비판적 사고는 사고 자체를 포함해 모든 것을 의심한다. 어떤 것도 당연시될 것이라고 기대할 수 없다. 모든 것은 신임을 얻으려면 점검을 거쳐야 한다. 지식에 대한 모든 주장과 모든 가정에 대해 시험하는 이러한 습관은 일련의 비판적 철학가들에 의해 발전되었고, (논란의 여지가 있긴 하지만) 그중 최고로 소크라테스, 데카르트, 칸트, 니체, 데리다를 꼽을 수 있다. 이러한 습관 덕에 우리는 사상의 자유와 표현의 자유를 누리게 되었다. 그리고 그 부산물로 정통 과학 연구 방법과 비평적 역사 연구 방법도 얻었다. 또한 과학에 기초한 부유한 산업문명과 자유롭고 민주적인 사회도 누리게 되었다. 영어권에서 지난 한 세기 반 동안, 그리고 독일어권에서는 지난 두 세기 반 동안, 현대 대학들이 추구했던 것이 바로 이 습관이다. **모든 것**을 의심스럽게 여기기 때문에, 지금까지 우리가 세상을 보아온 방식에 큰 영향을 끼쳤던 신화들과 깊숙한 가정들에 겹겹이 쌓인 층들을 서서히 드러내며 그 토대를 무너뜨렸다. 그 결과 우리는 그동안 사람들이 '절대'와 '확신'이라 부르던 것들을 잃어버렸고, 비워진 채 자유롭게 되었다. 이전의 '실재하는 세상'(real world)은 매우 가볍고 일시적인 현재의 **세계상**(world-picture)으로 대체되었다. 내 유명한 친구이자 동료로서 이전의 도그마적인 종교 신앙에 여전히 헌신하는 존 밀뱅크(John Milbank)는 철학이 허무주의로 이끌기 때문에 매우 나쁜 것이라고 주장한다. 그래서 밀뱅크는 철학을 버리고 대신 정통 종교 도그마에 대한 재확인으로 돌아선다. 근본주의의 상류층 신보수주의(neocon) 버전이라고 할 수 있다.

하지만 내 생각은 그 반대다. 비판적 사고는 정말로 서양의 영광이고, 그래서 우리는 철저히 비판적이어야 한다. 비판적 사고는 개인적 자아(self)라는 실재를 포함하여 실재를 사라지게 만들고, 내가 '공[空]의 급진적 휴머니즘'(Empty radical humanism, 여기서 공은 불교의 개념으로서 자아가 실체라는 것을 부정하는 것이다)이라고 부르는, 비워지고 영적으로 자유로워진 상태로 이끈다. 내 삶은 나 자신의 예술 활동이며, 우리 주변의 세상은 뉴욕 지하철의 그라피티처럼 항상 변화하는 공동의 민간 예술(folk art)의 세상이다. 우리는 우리 자신의 자기표현이며, 우리는 이 모든 것을 만들어낸다.

모든 것은 가능성이 샘솟아나 존재가 되는 것이며, 우리 자신이 샘솟아나 표현되는 것이다. 여기에 동양과 서양을 연합할 수 있는 새로운 종교, 즉 현세적이고 표현주의적이며(expressivist), 탈기독교적(post-Christian)이고 탈불교적인(post-Buddhism) 새로운 종교의 기반이 있다.

차차 알게 되겠지만 사실 그 이상이다. 일단 지금은 서양의 비판적 사고의 원천에 대한 질문으로 돌아가도록 하자. 왜냐하면 우리가 비판적 사고를 위대한 철학자들로부터만 배운 게 아니라는 점을 지적할 필요가 있기 때문이다. 매우 중요한 두 가지 다른 원천이 있다. 첫째는 고대에 이성을 양성하는 데 큰 기여를 했던 **법정**(law court)이다. 과거에 무슨 일이 일어났는지 공적으로 입증하려면 어떻게 해야 할까? 증거는 무엇이며 그 신뢰성을 어떻게 평가할 수 있을까? 과거 사건들 중 특정한 하나의 재구성을 지지하기 위해 주장들을 어떻게 배열할 것인가? 특정 행위가 **의도적인** 것이었다고 어떻게 판단할 수 있을까? 이 모든 것들이 상당히 복잡한 것들인데, 우리가 변호인으로서 사건을 설명한다고 가정해 보자. 우리는 최대한 설득력 있게 설명해야 할 뿐만 아니라 상대측 변호인이 우리의 주장 중에서 허점이나 약점을 찾아 공격하기 위해 주의 깊게 듣고 있다는 점을 명심해야 한다. 법정 세계는 해석이 충돌하는 극장이며, 우리가 확신을 가지고 한 가지 형태로 정렬한 자료들이 똑똑한 상대방이 자기 차례가 되어 발언할 때 상당히 다른 형태로 정렬될 수 있다는 점을 잘 알기 때문에 우리는 어쩔 수 없이 자기비판적일 수밖에 없다.

그러므로 법정은 비판적 사고가 발전할 수 있는 한 가지 영역이었다. 또 다른 영역은, 니체도 매우 강조한 바 있는, **하느님 앞에서** 신자의 양심적인 **자기 점검**이다. "하느님 앞에서는 모든 마음이 열리고, 모든 욕망이 드러나고, 어떤 비밀도 감출 수 없다." 하느님은 오류 없이 우리를 꼼꼼히 살펴며, 하느님 면전에 서기에 합당하려면 우리는 우리 자신으로서 살아갈 수 있도록 해주는 간편한 망각이나 자기기만이나 부질없는 기대를 근절하면서 지적으로나 도덕적으로나 흠이 없기 위해 노력해야 한다. 니체는 이 의무가 기독교가 결국 몰락하게 된 주된 요소라고 생각했는데, "기독교 도그마가 기독교 윤리에 의해 파괴되었기 때문이다." 기독교의 이러한 면밀함이 결국 사람들로 하여금 자신들이 더 이상 기독교 도그마를 믿을 수 없다고 인정하게끔 만들었다. 맞다. 정말로 그랬다. 그런데 이 면밀함이라는 주제는 더 넓게 응용되었다. 우리는 찰스 다윈이, 사람들이 자신을 보낼지 말지를 논쟁한 모든 사실과 주장을 걱정스럽게 수집하고, 그것에 대해 고려하고, 사람들에게 그것에 대해 감사하는 모습에서 똑같은 면밀함을 볼 수 있다. 다윈은 훌륭한 언론인처럼 최대한 옳은 내용을 얻기를 절실히 원했고, 끝없이 고통받을 준비가 되어 있었으며, 그래서 마침내 ≪종의 기원≫이 나왔을 때 이 책은 특별히 잘 준비되어 있었다. 다윈은 작은 승인을 얻은 것에 대해 고마움을 느낀 것만큼 어려움에 대해서도 고마움을 느꼈다. 이것이 진정한 비판 정신이다.

다시 말하지만, 비판적 사고는 서양의 영광이다. 그런데 우리 대부분은 그것을 사랑하지 않는다. 우리는 비판적 사고가 이끄는 것으로 보이는 허무주의를 두려워하기 때문에 철저히 비판적이어야 한다는 생각을 싫어한다.

최근에 오르한 파묵(Orhan Pamuk)을 비롯한 몇몇이, 중동에서는 사람들이 서양 문화를 원하는 것만 취하고 싶어 한다고 말했다. 서양의 약을 원하고, 서양의 현대식 무기를 원하고, 새로운 정보 및 오락 기술을 원하지만, 이 모든 것이 발전할 수 있도록 한 심오한 영적 문화적 변화를 **자기들 스스로**가 겪고 싶어 하지는 않는다. 하지만 쿼츠 시계(a quartz watch)가 정확히 어떻게 작동하는지 설명하지 못하면서 착용하기만 한다면 부끄러워해야 한다. 그런데 이제는 **우리 서양 사람들도 '서양'을 원하는 것만 취하고 싶어 한다**. 우리는 비판적 사고를 별로 좋아하지 않는다. 우리가 가장 소중하게 여기는 모든 도덕적, 철학적, 종교적 환상에 대한 비판적 사고의 장기적인 영향을 두려워하기 때문에 우리는 가장 형식적인 존경을 표할 뿐이다. 심지어 약의 경우에도 이는 사실이다. 우리가 과학적 방법에 철저히 매달림으로써 이미 커다란 유익을 얻었다는 점을 부인할 수 없다고 생각할 수도 있지만, 우리 대부분은 '정통한', '전통적인' 약의 존재에 대해 마지못해 간략히 인정한 뒤 곧바로 실제로는 듣지 않지만 기분을 좋게 해주는 '대체' 약이나 소원성취형 약을 찬양하는 찰스 왕세자와 같다. 그런 사람은 자신이 가장 사랑하는 비이성(unreason)이라는 두꺼운 설탕이 입혀져 있을 때만 이성(reason)이라는 쓴 알약을 삼킬 수 있다.

실제로 우리 대부분이 그렇다. 삶의 특정 영역과 시간에서 비판적 사고와 과학적 방법의 필요성을 조심스럽게 인정하지만, 다른 부분에선 좀더 따뜻하고 실용적인 세계관으로 재빨리 돌아간다. 종교, 영성, 도덕과 관련된 경우에는 특히 그렇다. 우리는 우리 자신을 속이기를 좋아한다.

문제는 종교다. 앞에서 언급했던 위대한 철학자 다섯 명 모두 종교와의 관계가 어느 정도 불편했다. 소크라테스는 가르침을 통해 젊은이들을 타락시킨다는 혐의로 사형선고를 받았다. 데카르트는 스피노자처럼, 당시 유럽에서 가장 관용적이었던 나라에서조차 조용히 살기로 했고, 모든 것을 의심하는 자신의 방법론에 종교는 포함하지 않기로 했다. 심지어 칸트도 생애 동안 얻은 명성에도 불구하고 조심해야 한다고 느꼈다. 유럽의 지식인들에게는 갈릴레오가 당한 일에 대한 기억의 흉터가 오래도록 남아있었다.

니체의 시대가 되면, 거의 무제한에 가까운 사상과 표현의 자유에 대한 권리와 함께 비판적 사고가 잘 확립되어 있었고, 니체 자신은 선배들보다 철학적 허무주의(philosophical nihilism)로 한 걸음 더 나아갔다.("우리는 모든 것을 예술로 다시 만들어야 한다.") 그리고 놀랍게도 데리다는 더 나아가는 방법을 찾아냈다. 하지만 니체와 데리다 모두에게 금융시장에서 "경미한 상승"(dead cat bounce)이라고 말하는 것이 있다. 이들이 허무주의로 너무 갑자기 놀랍도록 빠져들었기 때문에 이들 모두에게는 **허무주의 이후** 간접적이면서 부정적으로 종교적인 생각으로 되돌아가는 일종의 반동이 있다. 하느님의 실제 존재에 대한 믿음이 사실로 보이도록 했던 심오한 형이상학적 가정들을 우리가 하나하나 철저히 추적해 모두 쫓아냈을 때, 우리의 세계상(world-picture)이 마침내 완전히 영원히 무신론이 되었을 때, **비로소** 하느님은 자신의 부재를 통해 다시 드러나게 된다. 완전히 하느님을 버린 장소가 도리어 부재하는 하느님(non-existent God)을 우리에게 떠올려준다. 그러므로 이들의 회의론과는 별개로 니체는 일종의 구속(redemption) 신학으로 결말을 짓고 있으며, 데리다는 신적 불가능성(the divine impossibility)의 신학으로 결말을 짓고 있다.[1] 오늘날까지도 위대한 철학자들은 종교적인 생각의 일부 가능성을 우리에게 남겨주고 있다. (그 근거로 비트겐쉬타인과 하이데거의 이름을 여기에 추가할 수 있겠다.) 물론 여기서의 종교적인 생각은 중세 또는 초기 근대의 종교적인 생각과는 매우 다른 것이다.

이 모든 것이 오늘날 세계 각처에서 매우 호전적인 신보수주의나 '근본주의' 종교로 맹렬하게 쏠리는 것과 맞물려 주목받고 있다. 이런 일이 일어난 이유는 1968년경까지 자유주의적 종교인들이 대개 '비판적 정통주의'(a critical orthodoxy)가 가능하다고 주장했기 때문이다. 비판적 사고를 받아들이면서, 특히 역사 비평적 방법론에 의한 신학 연구를 받아들이면서도 개인

---

[1] 이에 대해서는 휴 레이먼트 피카드(Hugh Rayment-Pickard)의 *Impossible God*과 나의 *Impossible Loves*를 보라.

적으로 정통 신앙을 유지하는 것이 분명 가능하다. 조직화된 종교는 많이 변화할 필요가 없다. 그래서 1960년대까지 자유주의적 교수들과 주교들은 스스로를 건전하고 견실한 교인이면서 **동시에** 지적으로 시대에 뒤처지지 않는다고 여겼다. 이들은 복음주의자들을 멸시했는데, 복음주의자들은 그 당시에 충분히 그럴 만한 이유가 있는 열등감으로 고통스러워하고 있었다.

그러다 60년대 말에 자유주의의 '합'(synthesis)이 무너졌다. 자유주의적 신학자와 주교들이 말로만 비판적 사고를 하고 있었다는 것이 명백해졌다. 이들에게는 실천이 없었고, 압력을 받자 모두 권위주의자로 돌변했다. 더 심각한 것은, 이들이 대중 앞에 내놓을 스스로의 일관된 기본 신학을 전혀 만들어 놓지 못했다는 점이다. 비판적 사고를 정직하게 대놓고 거부했던 복음주의자들은 최소한 수호할 믿음이라도 있었다. 이들의 믿음은 (완전히 비이성적이긴 하지만) 어느 정도는 일관되고 '전통적' 믿음이라고 주장할 수 있는 것이었다. 그렇게 자유주의는 죽었고, 유일하게 남은 정통 기독교인들은 비판 이전(pre-critical)의 복음주의자들이나 가톨릭 교인들이었다. 다른 종교들에서는 전통적 신앙 체계를 정치적 이념과 자유 투사를 위한 헌장으로 읽을 때에만 현대인에게 일관되고 적용 가능한 것이라고 결정했다. 그러므로 시오니즘은 유대교의 일관된, 최신의, 효과적인 현대식 읽기라고 볼 수 있다. '온건한' 종교적 유대교도 여전히 존재하지만, 상대적으로 너무 약해서 무시할 만한 수준이고, 현재는 흡수 과정을 통해 사라지고 있는 중이다. 이와 비슷하게, 호전적인 혁명적 이슬람주의만이 현재 유일하게 이슬람 신앙의 일관된, 최신의, 효과적인 현재식 읽기 사례이다. 우리 정치인들이 그렇게도 희망을 가지고 거론해 대는 온건하고 비정치적인 이슬람은 지적으로나 사회적으로나 무시할 만한 수준이며, 사라져 가는 중이다. 극단만이 실제로 작동하고, 시크교, 힌두교 등도 마찬가지다. 온건하고 자유주의적인 종교가 죽은 이유는 시종일관 비판적이거나 자기 비판적이고자 하는 용기를 실제로 가져본 적이 한 번도 없었기 때문이다. 언제나 대책 없이 소심했고 이기적일 뿐이었다.2)

이 책에서 우리는 비판적 사고가 정말로 서양의 영광이라는 점을 받아들인다. 그러니 철저히 비판적인 것이 '최선'이다. 물론 그 결과 전통적인 조직화된 종교는 쓸려나갈 것이다. 옛 방식의 '종교'는 죽었다. 하지만 허무주의 **이후에** 새로운 뭔가가 있고, (차차 자세히 보게 되겠지만) 이미 보통 사람들의 언어에서 등장하고 있다.

---

2) 편집자주: 저자 돈 큐핏은 오늘날 "종교가 계속해서 몰락"하고 있으며, 우리가 "극심한 신앙의 위기" 속에 살고 있는 가장 큰 이유가 "전통적 기독교의 믿음 대부분을 더 이상 지지할 수 없다"는 점이라고 지적한다. 하느님의 존재에 대한 고전적 주장, 성서의 권위에 대한 전통적 주장, 인간의 타락과 성삼위일체 등의 고전적 교리 대다수가 보통 주장하는 것처럼 "성서적"이 아니기 때문이라고 지적한다. 또한 "교회 예배를 통해 선포되는 세계관과 우리가 일상생활 속에서 살아가는 세계관 사이의 간격이 점차 더욱 커지고 있다"고 지적한다. 문제는 "이처럼 낡은 믿음체계를 새로운 믿음체계로 대체"한다고 해서 해결되지 않는 이유는 "교회가 종교에 대해 진지하게 지적으로 관심을 기울이는 사람들이었던 적이 결코 없었을 것이며 지금도 그렇지 않다"고 지적하면서, "그와는 반대로 교회는 안락한 과거의 습관과 관계맺음을 유지하고 싶은 사람들, 자신들이 믿는 것을 다시 확인받고 싶은 욕망과 자기가 의로운 사람이라는 감정을 유지하고 싶은 사람들로서, 기성품 진리(ready-made Truth)에 행복해하는 사람들을 위한 것"이라고 비판한다. Don Cupitt, *Radical Theology: Selected Essays* (Santa Rosa, CA: Polebridge Press, 2006), p. 3.

2. 지식

우리의 감각 중에서 시각은 다른 감각보다 훨씬 더 우리에게 완성된, 완벽한, 정교하게 만들어진 세상을 제시하는 것으로 보인다. 주위를 둘러보라. 시야에 보이는 것은 아무런 빈틈도 없이 충만해 보인다. 한 바퀴 휙 돌면서 위아래를 쳐다보아도 시야의 끝자락에는 도달하지 않는다. 우리가 보는 거의 모든 것이 동물, 식물, 광물, 하늘의 것(meteorological) 등 광범위한 자연의 종류 중 하나에 속한다. (기상학[Meteorology]은 문자적으로 '높은 곳에 있는 것들에 관한 학문'이며, 한때 천체, 구름 등을 포함했다.) 날, 달, 계절 등, 다양한 주기적 순환에 대해서도 생각해보면, 과학시대 이전에는 인간이 스스로를 '우주'(cosmos) 안의 존재, 즉 이미 만들어진, 이성적 질서가 부여되어 있고 통합된 세상인 우주 안의 존재라고 결론내린 것은 너무도 자연스러운 것이었다.

세상의 어느 곳을 보더라도 똑같이 복잡하고 똑같이 정교하게 만들어진 것으로 보인다. 어느 한 곳이라도 대충 넘어간 곳이 없어 보인다. 그런데 인간이 자기 손으로 만든 것에 대해서는 인간이 "손바닥 보듯" 훤하다. 그러므로 과학시대 이전에는 세상을 어느 곳이든 조물주의 손길이 드러나도록 만들어진 것으로 이해했을 뿐만 아니라 어디든 신의 이성, 즉 로고스, 또는 신의 지혜, 또는 신의 영이 스며들어있는 것으로 이해한 것은 흔한 일이었다. 세상은 하느님의 권능 위에 놓여 있었고, 하느님의 권능은 세상이 계속 존재하도록 했다. 또한 세상은 세상에 대한 하느님의 완벽한 지식 안에 놓여있었다. 그러나 인간의 정신은 신적 정신의 유한한 형상(이미지)이자 짝으로서 만들어졌고, 그래서 **우리가** 세상에 대해 생각하고 아는 방식은, 하느님이 자신이 만든 세상에 대해 가지고 있는 절대 지식에, 축소된 형태로,

병행하는 것이고 동참하는 것이다. 그러므로 우리는 세상에 대한 우리 지식의 객관성에 대해 확신할 수 있었다. 왜냐하면 그 지식은 말하자면 언제나 하느님의 영원하고 절대적인 지식 안에 '내장된' 것이기 때문이다.

이것이 한때 '실재론'(realism)이라고 불리던 것이다. 즉 이미 만들어진 진짜 세상에 대한 우리 지식의 객관성이 우리로부터 독립되어 저 너머에 존재한다는 전통적이고 일반적인 확신이(었)다. 실재론은 하느님의 세상 창조 교리에 의존했다. 신학은 우리가 감각을 통해 인식하는 것처럼 보이는 것과 저 너머에 객관적으로 존재하는 것 사이의 간극을 넘어서도록 했다.

갈릴레오와 데카르트의 생각 속에서 새로운 수리물리학이 태어나면서 모든 것이 달라지기 시작했다. '궁극인'(窮極因, final causes) 또는 내재적 목적성(immanent purposiveness)에 관한 모든 대화가 갑자기 과학에서 사라졌고, 그 이후 물질세계는 물질, 운동, 숫자로만 기술되었다. 우주는 멋진 시계 장치(clock-work)처럼 보게 되었다. 따라서 데카르트는 세상을 잘 동작하는 수학적 모델로 보는 새로운 물리학을 구성하였다. 그런데 데카르트는 인간이 만든 모델은 정확한 복제본일 뿐이고, 저 너머에 정신과 무관한 세상이 실제로 존재한다는 것을 어떻게 입증할 수 있었을까?

이 지점에서 전통적인 실재론을 유지하기 위해 데카르트는 하느님을 끌어들인다. 데카르트는 우리의 감각 경험과 자연 법칙에 대한 우리의 정리 자체는, 우리의 정신 외부에 실제로 존재하는 세상에 대해 확신할 수 있는 충분한 이유를 제공하지 않는다는 사실을 은연중에 인정한다. 데카르트는 이렇게 말한다. 나는 하느님이 내 정신을 창조했다는 것을 안다. 나는 하느님이 내 안에 세상의 객관적 실재에 대한 군건한 확신을 심어놓았다는 것을 안다. 그리고 나는 하느님이 세상을 창조할 권능을 가졌다는 것을 안다. 그러므로 나는 하느님이 분명 저 너머에 진짜 세상을 창조하였고, 새로운 물리학은 그것을 정확히 기술하는 것이라고 결론짓는다.

그렇게 데카르트는 오래된 신학에서 차용하여 오래된 실재론을 거의 한 세기나 더 유지되도록 하였고, 다음과 같은 흥미로운 결론을 내린다. 오늘날에도 물리학자들은 자신의 주제가 실재론을 요구하는 것으로 보고 있다. 현대 과학의 진지함과 지적 아름다움을 유지하기 위해서, 더 나아가 사회적 권위와 대중의 지갑에서 나오는 지원금을 유지하기 위해서 물리학은 그 이론과 주장이 실재론의 견해를 유지**해야만** 한다. 그 영향으로 물리학은 오늘날까지 내밀하게 신을 인정하는(crypto-theistic) 상태로 남아있다. 이전 시대의 교회처럼, 과학은 정치적인 이유로 실재론자여야 하고, 모든 형태의 실재론은 결국 실재론적 유신론(realistic theism)에 근거해야 한다. 객관적 지식을 소유했다고 주장하는 모든 선언에 대해 하느님이 최종 수비수이자 최종 보증인이다.

결국은 데카르트의 소심함과 신학적 보수주의가 오늘날까지 우리를 괴롭히고 있는 신학과 과학 사이의 권력 관계를 형성하는 데 기여한 셈이다. 물론 철학이 데카르트에서 멈추지는 않았다. 한 세기 뒤인 18세기에 흄과 칸트가 위대한 질문을 던지기 시작했다. "우리가 실재론과 세상에 대한 인간 지식의 객관성을 온전히 내재적으로, 즉 하느님의 절대적 지식에 의존하지 **않고** 우리 인간의 관점 안에서만 입증할 수 있을까?" 흄은 대답했다. "아니다. 그렇지만 우리는 여전히 우리의 꺼지지 않는 자연적 **믿음**을 객관적으로 가질 수 있다." 칸트는 대답했다. "어느 정도까지는, 그렇다. 어떤 세상을 가지기 위해서는, 그리고 우리가 분명히 가지고 있는 과학 지식을 획득하기 위해서는, 우리는 우리가 하고 있는 방식으로 우리 세상을 구축하는 수밖에 없다. 우리는 우리 머리 밖으로 나가 우리 지식의 객관성을 확인할 수는 없으며, 그저 우리 머리 **안에서** 실재론의 가정 위에서 작업할 수 있을 뿐이다." 칸트의 주장은 아리스토텔레스의 논리학, 유클리드의 기하학, 그리고 공간, 시간, 물질, 운동에 대한 뉴턴의 생각 등의 확실성에 대한 자신의 믿음에 근거하고 있다. 만약 이들 모두가 영구불변이었다면 칸트가 옳았을 수도 있다. 그런데 19세기 말이 되면서 그것들 모두가 변화를 겪게 되었다. 그럼에도 온건하고 역사화되거나 '사회학적인' 버전으로 칸트의 교리가 등장할 수 있었다. 그 교리는 우리가 공동 세상(the common world)의 존재에 대한 가정과 우리 시대의 공통 언어(the common language)로 표현된 우리 지식의 객관성에 동조하며, 이를 일종의 실재하는 것으로 받아들이는 것 말고는 선택의 여지가 별로 없다고 말한다.

하지만 이번에도 나의 이야기는 좀 다르다. **개인적으로** 나는 심미주의자이며, 예술가 인간(*homo artifex*)을 믿는 사람이다. 나는 순전히 객체적인 실재나 진리는 없다고 보며, 모든 것은 우리가 만들어낸 것이라고 본다. 우리는 우리의 꿈으로부터 완전히 벗어날 수는 없으며 그저 좀더 유용하고 나은 꿈을 꾸려고 노력할 뿐이다. 그런데 누군가가 어떤 모임에 대해 공통의 신앙을 표현하려면 이보다는 좀 더 멋진 것이 필요하다. 우리는 언제나 우리 세상(OUR world), 다시 말해 우리 자신의 인간적인 관점 안에 있기 때문에, 결코 절대 세상(THE world)을 가질 수 없다. 우리는 우리 머리에서 빠져나가 우리 세상과 절대 세상을 동시에 보며 비교할 수 있는 지점을 찾을 수 없기 때문에 결코 우리 세상과 절대 세상을 직접 비교할 수 없다. 실제로 우리에게는 우리 세상밖에 없다. 하지만 그게 문제가 되는 것은 아니다. 현재로서는 우리의 세계 구축 작업이 잘 작동하고 있다. 그러니 우리에게 우리 세계가 있는 것이다. 우리가 과학적 방법과 과학적 세계상에 매달리는 이유는 어쨌든 그것이 매우 잘 작동하기 때문이다. 따라서 우리가 우리 세상을 수용하고 거기에 동조하는 것에 만족한다면 대개는 잘못될 일이 없을 것이다. 다만 우리는 변화를 수용하고 때로는 변화를 탐구할 준비가 되어 있어야 한다. 우리의 현재 세계상이 영원한 진리로 드러날 것이라고 생각할 근거는 없다. 사실 그동안의 선례로 보면 과학은 계속 변해왔고 앞으로도 계속 변할 것이다.

이 말은 우리 인간의 지식이 이 세상에 대한 하느님의 절대 지식에 참여했고 또 그 안에 내장되어 있었기 때문에 우리가 그 진리 안에서 영원히 살 수 있었던 좋았던 시절로부터 먼 길을 거쳐 우리의 지식이 형성되었다는 것을 의미한다. 오늘날 우리는 '약한', 실용적인, 일시적인 지식만을 가졌을 뿐이고, 현재의 합의에 동조할 뿐이다. 일단 현재로선 이것이 잘 작동하기 때문에 현재로서는 참이다. 그러므로 우리는 현재로선 이것으로 작업을 진행하며, 바꿀 때가 되었다고 생각되면 바꾸게 될 것이다.

칸트뿐만 아니라 다윈도 지식에 대한 이런 두 가지 개념 사이에서 경첩 역할을 했다. 옛날 사람들은 하느님의 정신과 비슷한 천사의 정신을 가졌었고, 하늘에 대한 명상이 최고 종류의 지식이었다. 오늘날 우리는 다윈을 따라 살고, 그래서 우리는 똑똑한 동물의 정신을 가지고 있다. 지식에 대해 생각할 때, 오늘날 우리는 먼저 동물이 생존하기 위해 배워야 하는 것들을 생각한다. 길을 찾고, 목적을 달성하고, 생존하는 데 유용한 것으로 입증된 기술들의 모음. 이것이 지금의 지식이다.

이 모든 것이 의미하는 것은 인간 생의 주된 목적인 최고선(Summum Bonum)이 **지식**의 일종이라는, 특히 신적이고 복을 주는 종류의 지식이며 하느님에 대한 순수한 지적 명상이라는 이전의 플라톤식 개념을 우리가 철학과 종교에서 포기해야 한다는 것이다. "하느님의 영광은 살아있는 사람이고, 사람의 삶은 하느님의 비전이다"(*Gloria Dei vivens homo: vita hominis Visio Dei.*) 최고선에 대한 이와 같은 이전의 개념은 지식을 최고의 가치로 여기고, 또한 존재의 영원한 필요성에 대한 직관을 가장 심오하게 만족스러운 종류의 지식으로 여긴다. 하지만 지금 와서 보면, 이것은 인간이 무엇인지에 대해 비상식적으로 주지주의적이고 초자연주의적인 그림과 관련 있었던 것처럼 보인다. 당시에 우리는 거의 천사였고, 세계 질서와 우리가 생각하는 방식 사이에는 미리 정해진 조화가 있었다. 하지만 오늘날 우리는 철저히 세상 속으로 내려왔다. 나를 보면 나는 그저 말하는 동물일 뿐이고, 당신도 그러하다. 나를 행복하게 만드는 것은 사랑이고, 창조적 작업에서 오는 기쁨도 가끔은 행복하게 한다. 장기적으로 나에게 가장 필요한 것은 종교적 신앙이 삶을 사랑하게 되는 것이고, 마음을 다해 삶을 긍정하는 것이다. 나는 두려움 없이 삶의 기본적 한계를 볼 수 있어야 하고, 또한 모든 것을 통째로 수용할 수 있어야 한다. 그러면 장차 몸이 쇠약해지고 죽음을 맞게 되더라도 낙담하지 않을 것 같다. 그래서 나는 이전의 관념적인(visionary) '영원주의'(eternalist) 지식 개념을 내버리고 대신에 지식이 무엇인지에 대한 훨씬 온건한 견해를 채택했고, 또한 우리의 구원이 태양처럼 살아가고(solar living) 태양처럼 사랑하는(solar loving) 것에 있다는 견해를 채택했다. 꽤 수지맞는 장사다. 이것이 유일한 진리(The Truth)는 아니다. 왜냐하면 유일한 진리라는 건 없기 때문이다. 그렇지만 이것은 나에게나 당신에게나 충분히 참(true)이다.

3. 진리

진리에 대한 두 가지 독특한 개념이 일상 언어에서 두드러진다.

첫 번째는 사실에 관한 것이다. 진리란 참인 성질 또는 상태이다. 즉, 사실이나 실제와 일치하는 것이다. 이런 점에서 참이라고 기술될 수 있는 대상에는 증언 행위, 사실에 관한 특정 주장, 일반화, 믿음, 가설, 이론, 나아가 지식과 주제 영역(subject-areas) 전체가 포함될 것이다. 어떤 항목에 이의가 제기되었을 때 그것이 참이라고 여겨지려면 해당 영역에서 일반적으로 적절하다고 인정된 시험 절차를 거쳐야 한다. 그런 시험 절차에는 특정한 표준 과학 방법, 비판적 역사적 방법, 법정에서의 총력을 기울인 재판 등이 포함된다. 시험을 적용하는 것에는 최소한 실험 증거든, 증인의 증언이든, 역사 문서든 대중에게 공개된 찬반을 나타내는 모든 증거를 확인하는 과정이 포함된다. 이의가 제기된 항목이 이러한 시험 과정을 성공적으로 통과하게 되면, 사회의 공공 지식으로 정당하게 축적될 수 있을 것이고, 따라서 각급 학교에서 가르칠 수 있는 내용이 되고, 공공 단체들이 의사 결정을 할 때 기준이 될 수 있다. 이 경우 진리는 작동하는 것, 또는 우리가 **판단의 근거**로 삼아야 하는 것에 관한 현재의 합의이다.

현대의 발전한 사회는 방대한 분량으로 공적으로 수립된 이런 종류의 진리를 가지고 있고 이에 근거해 행동한다. 하지만 이러한 진리는 종교나 도덕, 또는 대부분 사람들의 일상생활에서 그다지 두드러진 역할을 하지 못하는데, 그 이유는 '진리'라는 단어가 거의 대부분 충성, 신뢰, 신용, 간단히 말하면 **도덕적 진리**를 의미하는 데 쓰이기 때문이다. 이와 관련하여 우리가 사용하는 표현들을 살펴보자면 '진짜 같다'(ringing true), '지조가 굳다'(true blue), '진정한 친구'(true friend) 등을 들 수 있겠다.

이러한 두 가지 진리 사이의 구분은 최근 들어 크게 확대되었는데, 두 가지 중요한 이유가 있다. 첫째는 비판적으로 수립되고 학문적으로 승인된 객관적 진리의 양이 매우 방대하고, 게다가 그 대부분은 매우 낯선 전문 용어로 표현되어 있다. 전문가 집단에 속하는 전문가들이 제공한 **전문가 진리**(expert truth)가 되어버린 것이다. 이들의 증언은 특별히 차갑고 치밀하고 비인간적인 목소리 톤이어서 우리가 듣기에 단어 하나하나를 매우 신중하게 고르는 것 같고, 완전 중립인 재판관이 말하는 것 같다. 이들은 **고문관**(advisors)처럼 행동한다.

그런 경우 대화에 참여할 사람이 급작스럽게, 그리고 매우 두드러지게 변한다. 전문가가 말하는 동안에는 우리가 삶이라고 부르는 힘들의 작동이 정지한다. 전문가가 말하는 것은 비록 발화(locution)이긴 하지만 발화 수반 행위(illocution)도 아니고 발화 효과 행위(perlocution)도 아니다. 즉 삶에 아무런 기여를 하지 못하는 것이고, 삶의 일부가 아닌 것이다. 여기에는 그런 종류의 **힘**이 없다. 이는 삶의 바깥 지점에서 무대로 들어와서 (짐작하건데) 소중한 알리미 역할을 한다. 전문가가 자기 대사를 말하고 우리가 그 내용을 소화하면, 일상적인 삶의 북새통이 다시 시작되고, 대화가 계속된다. 그리고 우리는 종종 전문가가 방금 말한 내용을 배우들이 충분히 소화했는지 어떻게 알 수 있을지 궁금해 한다.

이제 베케트(Beckett)나 핀터(Pinter) 같은 주요 작가들의 몇몇 희곡 속 본문을 살펴보자. 대화가 오고가는 모습을 이들이 어떻게 묘사하는지를 보라. 공격적인 말들이 오고가고, 관계는 연결되거나 되지 않거나 하고, 침묵은 웅변적이고, 폭탄이 떨어지고, 감정이 표현되고 … 이렇게 주고받는 연기에 대해 비판적 사고와 비판적으로 검증된 지식은 얼마만큼이나 기여를 했을까? 단언컨대 전혀 없다. 지난 몇 세기 동안 비판적 사고와 비판적으로 수립된 지식은 엄청나게 발전했고 새로운 기술의 광범위한 기반이 되었다. 우리 삶이 놓인 틀은 크게 변했지만, 삶 자체는 별다른 변화 없이 지속되고 있다. 이론적 지식은 삶에 별다른 변화를 주지 못하는 것으로 보인다. 비판적으로 수립된 **전문가**의 진리는 특별한 상황에서 반복적으로 소환된다. 그럴 때면 삶은 잠시 멈춘다. 사람들은 듣고 있는 내용을 소화하고, 그러면 우리는 삶이 다시 시작될 때 발언자들 사이의 권력 관계가 약간 이동했음을 깨닫게 된다. 하지만 그뿐이다. 오늘날 발전한 사회에서 대부분의 노동자는 자기 직업을 제대로 수행하기 위해 필요로 하는 지식의 양이 비판적으로 수립된 방대한 양의 지식 중 작은 부분일 뿐이라는 점에 익숙해져야 한다. 예를 들어, "심슨 가족"의 호머 심슨은 원자력 발전소의 제어실에서 일한다. 우리의 일상 용례에서도 '노동'은 '삶'의 일부가 아니다. 호머가 업무상 사용해야 하는 (매우 평범한) 전문 지식은 호머가 실제 삶에서 생각하고 말하는 방식에 별다른 영향을 끼치지 못한다. 정부가 대학을 그저 취업을 위한 기술을 가르치는 곳으로 여기는 이유가 여기에 있을 것이다. 이렇게 말하는 것이 싫지만 정부가 맞을 수도 있다.

    이 모든 것이 보여주는 것은 오늘날 지식과 진리는 세상 속에서 그 가치가 많이 하락했다는 것이다. 이들은 너무나 크게 자라나서 수만 가지 다양한 전문 직업 가운데 분산되었고, 이들 모두를 아는 사람은 아무도 없으며, 알고자 하는 사람도 없다. 과거에 철학이 높은 세상의 영원한 진리를 명상하던 시대에는 지식이 높게 평가되었다. 사람들은 진리에 대해 실재론의 관점을 가졌고, 그 내용이 **구도자**(seekers after truth), **진리는 저 너머에 있다** (the truth is out there)와 같은 표현 속에 함축되어 있다. 세상은 그저 단순한 사실이 아니었다. 세상은 하느님의 절대 지식 안에 담긴 것처럼 존재했다. 진리는 저 너머에 있었다. 왜냐하면 저 너머 하느님의 정신 속에 모든 질문에 대한 답이 있었기 때문이다. 영원한 세상이 어떠한지 명확하고 직관적인 지식을 얻어야만 우리가 이 땅에서 잘 살 수 있고, 마지막에는 영원한 행복을 얻을 수 있다는 것은 명백했다. 이 말은 종교적인 사람에게 삶의 궁극적 목적은 하느님에 대한 관념적인(visionary) 지식을 갖는 것이었고, 짧게 말해 하느님과 초자연 세계에 대한 정확한 교리적 믿음을 가지는 것이 필수였다는 것이다. 지식이 가장 중요했고, 종교는 하느님과 영원한 세상에 관한 것이었다. 진리는 무엇보다도 영원한 진리요 복을 주는 진리였다.

그런데 프랑스 혁명 이후 철학과 종교적 사고의 초점이 위에 있는, 지성으로 이해할 수 있는 세상에서부터 현재의 이 세상으로, 하느님으로부터 삶으로 서서히 이동하기 시작했다. 그리고 그 과정에서 이전 유형의 절대 지식은 현대식으로 크게 비판적으로 수립된 전문가 지식으로 대체되었다. 하지만 이 새로운 유형의 지식은 비록 여러 면에서 삶을 상당히 **편하게** 만들었지만(우리는 더욱 오래 살고 삶은 덜 고달프다), 삶의 실제 생활에는 놀라울 만큼 별다른 변화를 가져오지 못했다.

이로써 나는 전문가 진리와 도덕적 진리 사이의 차이에 대한 두 번째 귀결에 이르게 된다. 우리가 일상생활에서 언어의 역할에 대해 더 많이 알아갈수록 우리는 일상생활에서 언어가 관습적으로 신중하게 통보하는 데 사용되는 것이 아니라 사람들이 참여하는 다양한 파워게임에서 자신들의 위치를 진전시키기 위해 설득력 있게 사용된다는 것을 보게 된다. 도덕적 진리는 신뢰감과 신용, 즉 우리가 이성 간에, 다음 세대와, 그리고 동료들(중요성과 피 튀기는 정도의 순서다)과 벌이는 매일의 전쟁에서 의지할 수 있고 의지해야 하는 신뢰감과 신용이다. 삶은 미시정치(micropolitics)이고, 도덕적 진리는 우리가 '은연중에,' 즉 일상생활의 소란함 중에도 생각할 필요 없이 신뢰할 수 있는 것이다.

여기서 현대의 자유 민주 사회가 정치적으로, 도덕적으로, 종교적으로 매우 다원적이라는 까다로운 문제가 등장한다. 사람들에게는 민족, 종교, 세대 등등 충성의 대상이 매우 다양하며, 도덕적 유형의 진리는 크게 분할되어 있다. 더 심각한 것은, 비판적 사고와 이를 통해 발전한 광범위한 진리 검증 수단 방식들이, 현대 사회에 재앙이 되고 있는 서로 다른 도덕적 진리들 사이의 오래된 갈등을 전혀 해결하지 못하는 것으로 보인다는 점이다. 비판적 사고가 시작되고 200년 정도 지나자, 기독교(신학자와 지식인들), 유대교, 그리고 작긴 하지만 이슬람 안에서도 일부 **내부적인** 영향이 있었다. 그 결과 이들 각 대형 종교 안에서 신앙의 강도가 상당히 약화되었다. 하지만 각 종교전통 내의 신자들 대부분은 완고하게 비판 이전의 견해를 유지했다. 이들은 진리를 향한 현대의 비판적-학문적 방식에 전혀 눈길을 주지 않았다. 그렇게 하는 것이 다른 종교전통의 주장과 가치에 대한 이해도를 높이는 데 약간은 기여할 수도 있지만, 서로 다른 신앙고백을 극복하는 데에는 아무런 도움이 되지 않는다. 종교적 진리와 도덕적 진리는 순전히 정치적으로 보인다. 그러나 종교와 도덕에 대한 의견이 언제나 지적인 용어로 기술되지 않고, **보수적**이라거나 **자유주의**라거나 **급진적**이라거나, **극단적**이라거나 **온건하다**거나, **엄격하다**거나 **느슨하다**는 말로 기술되는 것이다. 도덕적 진리의 영역은 우리 삶의 정책을 형성하는 여러 가치들에 관한 것과 충성의 종류와 정도에 관한 것이 전부이다. 도덕적 진리는 무엇이 작동하는지, 또는 실상이 무엇인지에 대한 서로 다른 설명에 관한 것이 아니다. 따라서 요즈음 사회의 지도자들은 니콜로 마키아벨리와 토머스 홉스의 추종자가 되어야 한다. 종교, 민족성, 정당 등은 모두 비이성적인 세력으로 여겨져야 하고, 똑똑한 정치인이 현명하게 다뤄야만 폭력적인 사회 붕괴나 격변을 일으키지 않게 된다.

정치인은 모순을 온전히 피할 수 없다. 다문화 국가는 우산을 넓게 펼쳐서 다양한 민족과 신앙이 평화롭게 공존하도록 애쓰겠지만, 일부 집단은 만족시키기가 너무 어렵고 끊임없이 인내의 한계를 시험하려 든다. 그런데 종교적 갈등 대부분은 이성적으로 극복할 수 없다는 점을 인정해야 한다면, 정치 지도자들은 단기적으로는 홉스와 마키아벨리의 추종자가 되고, 장기적으로는 가장 동화되기 힘든 집단이 조용히 사라지길 희망하는 수밖에 없다. 나는 국가가 최선을 다해 단일한 공통의 언어와 대중문화를 개발한다면 결국엔 이 일이 가능하다고 생각한다.

그렇다면 고질적인 종교 갈등을 견딜 필요 없이 자유로운 사회에서 종교의 자유를 누리는 것이 중요한 나나 여러분 같은 사람들은 어떻게 해야 할까? 우리는 전적으로 사교적이고 평화적이면서 가르침이 원칙상 도발적이지 **않은** 참된 종교를 누리며 살기 원한다. 따라서

1. 우리는 초자연 세계에 대해, 신들과 영들 등에 대해 검증 불가능한 주장을 펼치기로 악명 높은 종교 도그마를 포기해야 한다는 것을 인정한다.
2. 우리는 객관적 진리를 포기하며, 검증 가능하고 실용적인 진리인 **전문가 진리**(무엇이 작동하는지 또는 무엇이 작동하도록 만들어질 수 있는지에 관한 진리)와 우리가 행하며 살아갈 진리인 **도덕적 진리**에 우리 자신을 제한한다.
3. 우리는 이제 종교가 단지 한 사람을 삶에 연결시키는 한 방식일 뿐이며 삶을 형성하는 가치들일 뿐인 것으로 보아야 함을 인정한다.
4. 우리의 종교는 살아가면서 삶 그 자체에 대해, 믿음조항 없이 직접적으로 '태양처럼' 헌신하는 새로운 형식을 취한다. 이렇게 태양처럼 살아가는 삶은 가능한 한 전적으로 삶을 긍정하며, 어떠한 배척이나 비난의 움직임

도 취하지 않는다. 그리고 인간 세상을 재평가한다. 또는 최소한 세상 속에서 스스로가 속한 한 귀퉁이를 재평가한다. 이 삶의 사회 윤리는 단순한 박애주의다. 왜냐하면 공통의 인간애야말로 윤리를 위해 우리에게 남은 유일한 공통의 객관적인 기초이기 때문이다.

그리고 이것이 현재의 진정한 종교이다. 이것이 태양처럼 살아가는(solar living) 것이고, 그 방법을 아는 만큼 최대한 온전히 긍정적으로, 온전히 표현하며 살아가는 것이다. 지식과 진리에 관해서는 니체가 옳았다. 이것들은 이제는 이전에 우리가 생각했던 것보다 덜 중요하다. 플라톤주의 아래에서는 더 나은 세상에서의 영원한 진리에 대한 지식이 행복으로 가는 유일한 길이었다. 하지만 지금은 삶(life)이 우리가 가진 모든 것이고, 모든 것 중 가장 중요한 것이다. ≪천로역정≫에서, 도망치는 사람이 "생명, 생명!" 하고 외치는 것처럼 말이다.

4. 형이상학이 끝난 이후의 실재

우리의 가장 깊은 곳에서 가장 끈질기게 우리를 사로잡고 있는 가정 중 하나는 우리가 만들어졌으며, 이미 질서 정연하고 온전히 형태를 갖추어 시계 장치처럼 동작하고 있는 세상으로 우리가 들어오게 되었다는 가정이다. **물리적** 법칙, 즉 자연 법칙과 자연적 **도덕적** 법칙의 체계는 이미 작동 중이다. 이들 법칙은 모두 제자리에서 자리를 잡고 있고, 우리가 나타나 가능한 한 이해해 주기를 기다리고 있다. 놀라운 일이다.

우리가 이 모든 것을 믿는 이유는 우리 문화의 전통인 창조 신화가 그렇게 말하기 때문인 것으로 보인다. 그것은 실제로 두 세기 전까지만 해도 우리의 신학자들이 진짜로 **믿었던** 얘기다. 우리와 상관없이 이미 저절로 움직이고 있는, 온전히 형태를 갖춘 그런 세상을 그리스어에서는 코스모스라고 부른다. 그리스도인들은 하느님의 권능이 코스모스의 객관적 실재를 보증하고, 하느님의 지혜가 그 질서를 보증한다고 여긴다. 그런데 기독교 이전에 그리스인들도 이미 우리 주변의 비아(Not-self)이자 우리가 살아가는 무대인 완벽하고, 온전한 형태를 갖춘, 제대로 작동하는 세상이 우리의 아무런 관여 없이 어떻게 **존재할** 수 있는지를 궁금해 했다. 이것이 어떻게 가능할까? 플라톤은 《티마이오스》에서 이에 대해 답변하면서 눈에 보이고 안정되지 않은 세상의 질료(matter)와 세상에 질서를 부여하는 보편적 지적 원리인 세상의 형상(form, 물론 눈에 보이지 **않는다**)을 구분한다. 그런 다음 플라톤은 우리가 사는 코스모스를 만든 세계 건축가에 관한 이야기를 들려주는데, 그 건축가는 세상의 질료 위에 지적 원리들(보편적인 종류, 자연 법칙 등)을 부여했다. 그러니 플라톤은 기독교 이전에 일종의 창조자를 가졌던 것이다. 하지만 플라톤의 창조자는 유한한 건축가로서, 한쪽 눈을 영원한 형상의 세상에 두고서 거기에서 양식과 규칙을 취해다가 세상의 원료를 형성하는 데 사용했다. 후대의 기독교 창조주는 훨씬 웅장하다. 형상의 모든 지적 세상이 그의 정신 안에서 구성되고, 그의 전능한 힘으로 무로부터 세상의 모든 질료를 창조한다. 그리하여 그는 코스모스의 절대적인 창조주가 되고, 코스모스는 그의 살아있는 예술 작품이자 그의 정신의 표현이 된다.

그리하여 우리 전통에서 우리 주변에 이미 만들어진, 온전한 형태로 잘 돌아가는 세상이 있다는 믿음은 마침내(사실상 기원후 1215년에) 순전히 **신학적인** 믿음이 되었고, 사도신경으로 확언되었다. 세상이 실재하는 이유는 하느님이 우리를 위해 그렇게 만드셨기 때문이다.

그렇다면 사람들이 하느님에 대한 믿음을 잃어버리면 코스모스에 대한 믿음도 당연히 잃어야 한다. 무신론자는 무세계론자(a-cosmists)가 되어야 한다. 하지만 그런 일은 일어나지 않았다. 하느님은 뉴턴의 사망 이후 얼마 안 가 사망했고, 피에르 시몽 드 라플라스 후작(Pierre Simon, Marquis de Laplace, 1749-1827)은 매우 신중하고 세밀하게 뉴턴의 천체 역학을 다시 계산했다. 라플라스는 다양한 근점 거리 문제를 최종적으로 확실하게 해결하였고, 뉴턴주의가 옳다는 것을 입증하였다. 하느님에 관해서 라플라스는 "나는 그런 가설은 필요 없다"고 말한 것으로, 또는 말했다는 전설로, 유명하다. 하지만 그 경우 라플라스는 왜 하느님의 피조물인 코스모스의 존재를 계속 믿었을까? 마찬가지로, 라플라스는 자신이 지닌 동물의 뇌가 창조주의 형상을 따라 만들어지지 않았는데도 불구하고 여전히 코스모스의 질서를 놀랍도록 잘 추적한다는 요상한 사실을 어떻게 설명했을까?

이 질문은 오늘날에도 여전히 혼란스러운 문제이고, 진화론은 이 문제를 더욱 복잡하게 만들었다. 수많은 과학자들이 여전히 세상에 대해서뿐 아니라 자신과 자신의 정신에 대해서도 실재론적이고 매우 신학적인 견해에 견고히 매달려 있는 이유는 무엇인가? 그들은 저 너머에 객관적이고 지적인 세계가 있다고 믿으며, 질서 속에 객관적으로 존재하는 세상이 있다고 믿고, 바로 그 세계 질서를 (오늘날에는 매우 복잡한 수학의 도움으로) 추적하기 위한 재능이 인간의 정신에 미리 형성되어 내장되어 있다고 믿는다. 하지만 사람들은 어떻게 하느님(의 죽음) 이후 이러한 신학적 믿음을 **계속** 유지할 수 있는 것일까?

몇 가지 답변을 생각해 볼 수 있다. 예를 들어, 세상이 순전히 우발적이라는 생각이 널리 받아들여졌다. 세상은 어떤 논리적 필연성 때문에 존재하게 된 것이 아니라 그저 존재하게 된 것이다. 하지만 세상이 하느님의 창조 의지에 의해 시시각각 유지되는 것이 아니라면, 세상이 계속 존재하도록 유지하는 것은 무엇인가? 이 질문에 답변하기 위해 아마도 과학자들은 일부 그리스인들이 신봉했던 질료(matter)의 영원성이라는 고대의 생각으로 되돌아가 이를 업데이트하고 '물질/에너지 보존'이라고 다시 명명할 것이다.

좋다. 이제 다음 질문이다. 만약 법 수여자가 없다면, '자연 법칙'이라는 것은 무엇이고, 세상 속 물질들이 어디서나, 심지어 가장 극단적인 조건 하에서도, 그 법칙을 따르도록 강요하는 것은 무엇인가? 아마도 이 지점에서 사람들은 '자연의 일관성'(Uniformity of Nature)이라 부르는 무엇인가를 호출하고 싶어질 것이다. 그렇지만 오늘날 많은 이론가들이 이에 대해 이의를 제기하고 있다.

오랜 기간 나는 "무엇이 세상의 진행 과정을 **규제하는가?**"라는 세 번째 난제로 골머리를 앓고 있다. 만약 시계에서 톱니바퀴 멈춤 장치가 빠져버린다면 시계는 미친 듯이 가속되어 큰 태엽이 다 풀리면서 박살이 날 것이다. 세상의 진행 과정이 이런 식으로 가속되어 통제를 잃고 박살나지 않는 이유는 무엇인가? 세상의 **속도를 조절하는** 것은 무엇인가? 과학 이전의 사고에서는 이 지점에서 신들이 매우 조심스럽게 우리의 마음을 안심시켰다. 신들은 매우 세밀하게 규제하는 자였고, 우리가 자연의 모든 리듬 속에서 안정되게 살아갈 수 있도록 언약을 통해 보증했다. 그런데 지금은 어떤가?

이 세 가지 예는 우리가 어떤 형태든 과거의 세상 속에서는 살 수 없다는 일반적 원칙을 보여준다. 예를 들어, 완전한 혼돈은 즉시 우리를 미치게 만들 것이다. 우리가 거주할 수 있고 이해할 수 있으려면 세상은 다양한 방식으로 질서 정연해야 한다. 일단 시간과 공간에 펼쳐져야 하고, 물질이 보존되어야 하고, 그 움직임이 법칙을 준수해야 하고, 주요 리듬이 일정해야 한다. (이는 최소한의 기준이다. 우리가 시간을 들여 제대로 작업해 보면 훨씬 많은 것들이 필요하다는 것을 금방 알게 될 것이다.)

신들을 믿던 시대에 사람들은 신들이 우리가 살기에 적합한 세상을 만들기 위해 지혜 가운데 수고를 다 했다고 생각했다. 그런데 이제 신들이 떠나고 우리에게 남은 거라곤 과학적 세계상뿐인 지금은 무슨 일이 벌어지고 있는가? 세상의 총체적인 거주 가능성과 이해 가능성을 보장해 주는 것은 누구인가? 또는 무엇인가?

이 질문은 특히나 골치 아프다. 왜냐하면 우리 인간은 시공간이나 자연 철학의 가장 일반적인 원리들을 실제로 직접 볼 수 없기 때문이다. 우리가 실제로 다뤄야 하는 것은 감각 기관을 통해 항상 들어오는 방대한 자료들이다. 어떻게 그 수많은 자료들 모두가 우리 주변에 실재하는 일관되고 객관적인 세상 속에 구축될 수 있을까?

이 지점에서 나는 서양 철학의 역사에서 가장 위대한 사건을 언급해야겠다. 즉 임마누엘 칸트가 1781년 ≪순수 이성 비판≫을 출판한 사건 말이다. 칸트는 여전히 이전의 질문을 던지고 있다. "어떻게 혼돈이 질서 정연하고 거주할 수 있는 코스모스로 형성될 수 있었을까?" 하지만 태초에 신들이 모든 것을 행했다는 이전의 창조 신화를 반복하는 대신에, 칸트는 우리가 어떻게 계속 그 일을 하는지에 대한 새로운 이야기를 들려준다. 거주 가능한 객관적 세상에 대한 기본 원리는 이미 우리의 이해 속에 항구적인 프로그램처럼 존재하고 있다. 이 기본 원리가 경험을 통해 들어오는 자료를 붙잡고, 해석하고, 정리함으로써 감각 경험이 객관적 세상의 지식으로 형성되고, 그렇게 혼돈이 코스모스가 된다. 그러므로 세상을 이해 가능하도록 만드는 것은 **우리들**이다.

칸트는 지식에 대한 자신의 견해의 중요한 귀결에 주의를 이끈다. 지식은 언제나 칸트가 '개념'과 '직관'이라고 부르는 두 가지 합(systhesis)과 연관된다. 칸트에게 개념은 인간의 이해 속에 내재된 일반적인 생각과 규칙을 의미하고, 직관은 단순히 경험에서 오는 미가공 자료를 의미한다. 모든 지식은 정신이 경험을 해석하는 것과 연관된다. 이 말은 우리의 지식이 전적으로 경험 세계와 분리될 수 없다는 말이고, 따라서 '교리적 형이상학'은 죽었다는 뜻이다. 또한 이 말은 우리의 지식 모두가 해석과 연관된다는 말이고, 따라서 우리는 사물에 대해 있는 그대로의 절대 지식을 가질 수 없다는 뜻이다.

결국 우리는 **우리의 세상**만 가질 뿐이다. 우리는 결코 절대적으로 또는 '관점 없는 상태로'(perspectivelessly) 절대 세상(the world)을 가질 수 없고, 결코 세상을 넘어설 수 없다. 칸트는 우리 세상의 객관적 실재를 철저하게 증명하지 못하지만, 우리가 어떤 세상을 가지고자 한다면 우리는 우리가 지금 하고 있는 것처럼 세상을 구축해야 하고, 그것을 객관적이라고 생각해야 한다고 주장한다. 그런데 우리는 **분명히** 세상을 가지고 있고, 우리가 지금 하고 있는 방식으로 그 세상을 구축**해야만** 한다는 점을 철학적으로 보여줄 수 있다. 그리고 그 이상 할 말이 없다.

칸트로부터 독일 관념론 철학의 위대한 전통이 뻗어 나왔다. 여기서는 그저 한 세기 뒤에 젊은 니체의 (포스트 다윈주의) 사상 속에서 칸트의 주제에 무슨 일이 일어났는지를 언급하는 것으로 충분할 것 같다. 구호는 크게 다르지 않다.

하느님은 죽었다.
사실은 없다. 해석만이 있을 뿐이다.
우리의 진실은 우리가 살아가는 데 꼭 필요한 환상이다.

형이상학의 종말과 관련하여, 하이데거가 "우리는 1840년경 젊은 마르크스의 사상 속에서 가장 명확하고 명백하게 그것이 일어나는 것을 본다"고 말한 것이 옳았다고 나는 생각한다. 여기서 객관적 실재의 역사에 대해 좀 더 말할 필요가 있겠다.

우리가 살펴본 것처럼, 전통적인 서양 유일신론은 하느님의 무한한 권능과 지혜에 대한 확고한 생각과 더불어 피조세계의 실재, 우리가 그 세계에 살 수 있다는 적합성, 우리 정신이 세계 질서를 이해하고 우리를 만든 하느님과 소통을 주고받을 수 있는 능력 등에 대한 매우 강한 의식을 주었다. 전통적인 유신론은 언제나 **예정론적**(predesinarian)이었다. 세상 역사의 모든 사건은 하느님이 미리 정한 것이고, 따라서 그렇게 일어나야만 했다. 일어난 사건들 위에 성취되지 않은 다른 가능성의 구름은 없었다. 하느님이 뜻한 것과 뜻하지 **않은** 것만 있을 뿐이다. 전자는 확실히 일어나고, 후자는 불가능했다. 이 모든 것이 사람들에게 실재에 대한 매우 강한 의식을 전달했다.

그러다 17세기 들어 모든 것이 변화하기 시작했다. 르네 데카르트는 온전히 인간에 의한 새로운 수리 물리학을 위한 철학적 이성을 발전시키기 위해 노력하고 있었다. 물리학자이기도 했던 데카르트는 물질, 운동, 공간, 시간에 관한 자신의 정의를 내놓았고, 그런 다음 자신의 운동 법칙을, 그 다음엔 계산 공식을 내놓았다. 그런데 데카르트가 수리 물리학에 관한 자신의 체계(생각의 체계)를 발전시키긴 했지만, 이 체계가 참이고 이 체계가 적용되는 실재 세상(Real World)이 저 너머에 존재한다는 사실을 어떻게 증명할 수 있었을까? 데카르트는 갑자기 새로운 과학에 문제가 있다는 것을 알게 되었다. "과학의 모든 생각들은 어디로부터 그 '객관적 실재성'(objective reality)을 얻는 것일까?" '객관적 실재성'이라는 새로운 문구를 제일 먼저 쓴 사람이 데카르트인 것으로 보인다. 데카르트는 혼란스러웠고, 그래서 하느님에게 되돌아간다. 하느님의 권능과 성실함이 물리 세상의 객관적 실재성을 보장한다.

좋다. 그런데 다른 모든 곳에서와 마찬가지로 여기서도 결국 데카르트는 확신을 얻는 것보다 더 많이 의심하기 시작하는 자신을 발견하게 된다. 데카르트의 시대 바로 뒤에 통계적 개연성(statistical probability)의 수학이 발달한다. 사람들은 다가오는 사건의 과정이 과학에 근거한 예상과 예측의 문제라고 생각하기 시작했다. 즉 신학적 확실성이 아닌 계산 가능한 개연성의 문제라는 것이다. 사람들은 수없이 많은 가능한 세상 중에서 도대체 왜 **이런** 세상만이 실제로 생겨나게 되었는지, 그리고 '실제로 생겨난다'는 것은 무엇인지 궁금해 하기 시작했다.

여기에 아이러니가 있다. '객관적 실재성'은 데카르트가 그 필요성을 인식하고 그 개념을 만들자마자 녹아 없어지기 시작했다. 강한 실재론은 다시 회복되지 못했다. 니체 이후 철학에는 두 가지 주된 흐름이 있었다. 하나는

철학 53

점점 더 회의적이 되었고(예를 들어, 프랑스의 '탈구조주의'), 다른 하나는 (예를 들어, 비트겐쉬타인) 잃어버린 '절대'에 대해 너무 초조해 하지 않도록 우리를 설득할 방법을 찾는 흐름이다. 철저한 이슬람주의자들이 우리 서양인들을 그렇게 무시하는 주된 이유는 그들이 볼 때 우리가 돌이킬 수 없을 정도로 객관적 실재의 존재와 가치에 대한 의식을 모두 잃었기 때문이라고 나는 짐작한다. 그들이 우리에게 완전히 승리하는 것 말고는 우리가 그들의 무시에서 벗어날 방법이 없다. 그들만이 우리가 그토록 그리워하는 객관적 하느님과 객관적인 가치를 우리에게 되돌려줄 수 있다. 따라서 만약 당신이 서양의 종교적 보수주의자라면, 당신은 다가오는 이슬람주의자들의 서양에 대한 승리를 환영해야 한다. 그것이 당신이 싫어하는 '상대주의'로부터 당신을 구원할 것이고(아니면 적어도 구원을 약속할 것이고), 또한 당신이 열망하는 '절대'를 당신에게 되돌려줄 것이다.

반대로 데카르트로부터 데리다와 보드리야르에 이르는 서양의 여정이 이제는 돌이킬 수 없다고 생각한다면, 당신은 객관적 실재에 대한 걱정을 접어야 하고, 도그마적인 믿음을 포기해야 하며, 일상의 종교(the religion of ordinary life)이자 세상을 예술로 다시 만드는 작업인 태양의 윤리(solar ethics)를 실천해야 한다.

당신은 어떤 길을 택할 것인가?

5. 언어와 바깥없음성(outsidelessness)

플라톤이 지배했던 긴 기간 동안(기원전 350년경부터 기원후 1800년경까지) 아래의 감각적인 세상과, 위의 영원하고 순전히 지성으로 이해할 수 있는 세상 사이에 날카로운 구분이 있었다. 또한 사람들은 보통 과학이 낮은 감각의 세상과 관련이 있다면, 철학은 위의 선험적(*a priori*) 세상과 관련이 있다고 생각했다. 철학을 하려면 시야를 높여야 했다. 이 오래된 원칙의 현대 버전은 좀 다르게 표현한다. "철학에서 매우 까다롭고 흥미로운 질문들은 이해하기가 매우 어려운 문제들과 관련이 있는데, 그 이유는 우리가 언제나 그 문제들에 깊이 잠겨 있기 때문이다." 우리는 그런 문제들에 대해 냉철하고 분리된 '과학적' 견해를 갖기 위해 우리를 그 문제들로부터 거리를 두는 것이 불가능하다. 그런 문제들의 예로 **시간**, **존재**, **의식**(consciousness), **언어** 등을 들 수 있다. 오늘날 철학은 매우 흔히 우리에게 (옛날처럼) 너무 높고 너무 먼 것들에 관한 것이 아니라, 언제나 전제되고 우리에게 매우 가까운 것들에 관한 것이라 우리가 그 문제들에 초점에 맞추는 것이 쉽지 않다. 철학의 영역을 찾으려면 **위로** 올라가지 말고 **뒤로** 물러서야 한다.

중세시대에 행성들은 궤도를 따라 돌면서 노래했고, 그 노래들은 가장 아름다운 코드로 합쳐져 천체의 음악이 되었다. 하지만 우리 인간들은 이 우주의 화음을 들을 수 없었다. 그 소리가 늘 너무나 일정했기 때문이다. 마찬가지로 소위 '의식의 문제'라는 것을 정확하게 기술하는 것은 매우 어렵다. 우리가 언제나 그 안에 있기 때문이다. 의식은 언제나 거기 있고, 언제나 전제되어 있다. 의식은 우리가 호흡하는 공기이고 우리의 삶이다. 우리는 우리가 의식이 없다는 것을 알지 못하고, 앞으로도 결코 알지 못할 것이다. 데카르트의 말처럼 정신은 '언제나 생각한다'. 정신은 의식 밖에서 존재할 수 없다. 의식은 바깥이 없다. 의식은 모든 것을 둘러싼다.

나는 시간, 존재(즉 일시적 존재), 의식, 언어 등은 모두 항상 이미 거기 있는 것들이고, 항상 전제된 것들이고, 바깥이 없어서 그것에서부터 밖으로 뛰쳐나갈 수 없는 것들이라고 주장하는 바이다. 그런데 여기서 말하는 정확한 지점은 흥미롭게도 파악하기가 어렵고, 인류에게 매우 매혹적이고 지속적인 수많은 환상은 우리가 바깥없음성(outsidelessness)의 진실을 이해하거나 수용하지 못하기 때문에 생겨난다. 그런 환상들 중에서도 *totum simul*(한꺼번에)의 꿈은 최악이다. 이 꿈은 우리가 언어와 시간적 연속을 뛰어넘어, 즉각적으로, 전적으로, 한방에, '직관적으로' 우리 욕구의 대상과 상상의 교감(visionary communion)을 가질 수 있다는 것이다. 나는 이전에 누구도 (후기 데리다에서 일부 발견 가능한 것을 제외하면) 이것을 깨닫지 못했다고 생각하며, 서로 사랑하는 연인들 사이든, 종교적 신앙에 의해서든, 합리주의 철학자에 의해서든 그 실수는 똑같은 것이다. 아마도 "혁명적 이상주의 정치가에 의해서든"이라는 말도 추가해야 할 것 같다. 우리의 욕구는 급박하다. 우리는 기다릴 수 없다. 우리는 최종 목적을 빠르게 성취하기 원하고, 한방에 얻기 원한다. 대개 우리는 이렇게 할 수 없다. 왜냐하면 우리가 유한하고 시간적인 존재라는 사실이 의미하는 것은 우리가 거대하고 복잡한 목표를 **순차적으로**, 한 번에 하나씩 검토하고 경험할 수 있다는 것이고, 따라서 우리가 그 일련의 끝 지점에 도달했을 때는 시작 지점이 이미 오래 전에 지나쳐간 것이 되기 때문이다. 이것이 삶의 법칙이다. **우리는 한방에 얻을 수 없다.** 그리고 우리의 언어성에 대한 현대의 자각이 문제를 더 심각하게 만들었다. 우리는 언어를 뛰어넘어 우리의 신앙, 또는 우리의 사랑, 또는 우리의 지적 열정의 대상과 즉시 교감하기를 원한다. 여기에 **추론적** 이해(discursive understanding)와 **직관적** 이해(intuitive understanding) 사이의 오랜 대조가 있다. 하지만 우리가 그렇게나 원하는 것을 우리는 가질 수 없다. 다만 **우리가 언어로 포장된 채로만 가질 수 있다**는 점, 다시 말해 언어의 이차적이고, 상징적이고, 언제나 모호한 성격을 통해 전달된다는 점을 이해하고 수용하기만 하면, 어느 정도 가질 수 있다. 만약 당신이 당신과 당신의 연인 사이에, 또는 당신과 당신의 신 사이에 순전하고 살아있는 상호적 현존(reciprocal Presence)을 꿈꿔왔다면, 또는 당신이 증명하고 이해하려 노력하는 합리적 필연성(rational necessity)을 꿈꿔왔다면, 만약 당신이 그런 종류의 완성을 꿈꾸고 있다면, 꿈 깨시라. 당신은 그것을 한방에 가질 수 없다. 당신은 그것을 **오직** 조금씩만, 한 번에 하나씩 가질 수 있을 뿐이고, 결코 명료하게 가질 수 없다.

나를 오해하지 마시라. 나는 우리가 추론에 **갇혀** 있어서 순수한 직관의 수준에 결코 오를 수 없다는 말을 하는 것이 아니다. 나는 우리가 시간에 **갇혀** 있어서 영원의 수준에 결코 오를 수 없다는 말을 하는 것이 아니다. 그리고 나는 우리가 **고립된** 자아들이라 우리 자신을 온전히 다른 사람들에게 내어줄 수 없다는 말을 하는 것이 아니다. 내가 말하려는 것은 우리는 단지 우리 자신의 부차성(secondariness)이고, 우리 자신의 언어성이고, 우리 자신의 일시성이고, 우리 자신의 해결할 수 없는 모호성이라는 것이다. 우리에게는 다른 선택권이 없었고 앞으로도 없을 것이다. 그러니 우리가 실제로 잃는 것은 없다. 우리는 낮은 세상에 갇힌 것이 아니다. 우리는 그저 우리일 뿐이다. 나는 당신이 가질 수도 있었던, 신앙의 시대에는 누구나 가질 수 있었던 무언가를 당신에게서 빼앗으려고 하는 것이 아니다. *totum simul*(한꺼번에)은 언제나 환상일 뿐이고, 다만 그들이 그걸 몰랐을 뿐이다.

소크라테스, 데카르트, 칸트, 니체, 데리다 등 우리 전통에서 비판적 사고의 역사는 오랜 환상에서 벗어난 각성(dis-illusionment) 과정의 역사였으며, 최근 데리다의 적당히 어렵고 짜증나는 작업으로 완결되었다. 우리는 아마도 비트겐쉬타인의 메시지도 본질적으로 똑같다고 보아야 할 것이다. 우리 인간은 어떤 방식으로든 우리의 삶이 삶 자체 그 이상도 그 이하도 아니라는 사실을 단순히 수용하는 것이 불가능하다는 것을 언제나 깨닫고 있었다. ―아니면 최소한 우리가 추적할 수 있는 과거로부터는 그렇게 알고 있었다. 우리는 확고한 기쁨과 영원한 보물이 있는 더 나은 세상에 대한 꿈을 열심히 가꾸어 왔다. 이성, 신앙, 인간에 대한 사랑, 사회적 소망 등은 모두 삶의 한계를 극복하고 그것들이 꿈꿔온 완벽한 *totum simul*(한꺼번에)을 성취하고 싶어 했다. 인류에게 이러한 고대의 환상적 소망을 포기하고 단순히 우리의 평범한 삶을 수용하고 또한 축하하라고 설득하기는 매우 어렵다. 하지만 지금 우리는 더 이상 변명의 여지가 없다. 이제 종교의 도전은 이전의 소망을 수선해서 축소된 형태로나마 조금 더 오래 지속될 방법을 찾는 것이 아니라, 삶 그 자체를 통째로 마음을 다해 긍정하는 법을 배우는 것이다. 니체의 말처럼, "실재하는 세상과 더불어 우리는 외관상의 세상도 폐지했다." 우리가 마침내 플라톤주의를 제거했을 때, 우리는 남은 것에 대해 더 이상 실재냐 외관이냐 하는 관점에서 생각하지 않는다. 남은 것은 단지 있는 그대로의 '삶'이다. 이것이 최근 나온 데리다 이후의(post-Derrida) 책에 ≪이론 이후의 삶≫(*Life.After.Theory*)이라는 제목이 붙은 이유이다.3) 1960년대 말에 탈구조주의의 난입으로 발생한 불꽃과 연기 이후, 그 뒤 '이론'에 대한 수십 년간의 토론 이후, 연기는 사라지고 남은 것은 단지 '삶' 뿐이다.

이런 핵심 요점을 파악하기가 더 쉬워진 것은 우리의 살아있는 일상어

---

3) Michael Payne and John Schad, *Life.After.Theory*.

의 성격을 점점 더 명확히 이해하게 되었기 때문이다. 수세기 동안 서양 학자들은 공식화된 문법책과 사전의 도움을 받아 다양한 죽은 언어들만 연구했다. 고전어는 연구를 위해 책상 위에 차갑게 펼쳐져 있을 뿐이다. 살아있는 언어가 역사 속에서 서서히 진화하는 방식, 단어의 의미가 점차 변하는 방식, 마치 돈이 우리의 경제생활의 통화 역할을 하듯이 언어가 우리 사회생활의 통화 역할을 하는 방식 등은 모두 명확하게 보이지 않았다. 하지만 계몽주의가 루소(Rousseau)와 헤르더(Herder)로부터 쉴러(Schiller)와 훔볼트(Humboldt)에 이르기까지의 작가들 사이에서 낭만주의로 넘어가면서 언어에 대한 일종의 현대적 이해가 발달하기 시작했다. 사람들은 신화와 시의 언어, 철학의 언어, 일상의 언어 사이의 관계에 대해 생각하기 시작했다. 우리가 생각하는 것은 천사들 같은 순수한 개념 속에서라는 이전의 생각들4)은, 생각이 그저 내재화된 언어(innerliche Sprache)일 뿐이라는 새로운 생각에 자리를 내주기 시작했다. 즉 우리에게 단순한 이미지를 비언어적으로 생각할 만한 능력이 있을 수도 있다. 하지만 의미 있고 연결된 명제형 사고(propositional thought)는 단순히 우리의 머릿속에서 자연 언어의 어슴푸레 반쯤 완성된 움직임일 뿐이다.

    이제는 다른 모든 것들도 우리 세상이 언제나 언어로 둘러싸여 있고 언어 안에서 언어를 통해 우리에게 전달된다는 것뿐만 아니라 훨씬 더 많은 것들을 수용한다. 즉 일상생활의 영어권 세상 주변에서 우리 언어의 살아있는 움직임이 우리의 생활 세상(life-world)을 단지 **구축하는** 것만이 아니라 우리의 생활 세상 **그 자체**라는 것을 수용한다. 이 말은 우리 세상 속의 모든

---

4) 이 생각에 관해서 단테(Dante)와 밀턴(Milton)을 보라. 천사들은 투명하다. 우리는 천사들의 생각을 '읽을' 수 있다. 그런데 거기에는 언어가 관여하지 않는다. 왜냐면 천사들 머리 속의 순수한 개념이 우리의 순수한 개념과 짝을 이룸으로써 즉각 추적되기 때문이다.

것이 우리 언어 속에 세밀하게 복제되었다는 것이 아니고 우리의 살아있는 언어가 바로 우리가 생각하고 행동하고 우리 자신으로 살아가는 세상이라는 것이다. 연극 〈햄릿〉에서 햄릿이 누구인지는 햄릿이 말하는 모든 대사에 의해 정해지는 것이고, 정도가 조금 덜하지만 다른 사람들이 햄릿에게 또는 햄릿에 대해 말하는 대사에 의해서도 정해진다. 그러므로 우리 자신이 누구인지는 우리가 사용하는 언어에 의해, 그리고 정도가 조금 덜하지만 우리에게와 우리에 대해 사용되는 언어에 의해 정해진다. 우리는 우리의 생활 세상 속에서 우리가 살아간 삶이고, 우리의 삶은 우리의 살아 움직이는 언어 속에서 살아진다. 당신은 당신이 말한 내용이다. 당신은 삶 속에서 당신이 맡은 역할이다.

그렇다면 우리의 언어는 철저히 인간적이고, 철저히 **우리의** 것이며, **그 자체가** 철저히 우리 인간의 생활 세상이며, 유한하지만(finite) 경계는 없다(unbounded). 우리가 우리의 언어에 대해, 우리 자신에 대해, 그리고 우리 세상에 대해 더 깊이 이해하게 될수록 우리는 '바깥없음성', 즉 철저한 내재성의 진실을 더 깊이 받아들여야 한다. 삶, 우리의 삶, 우리의 언어가 존재하는 모든 것이다. 그러니 인간의 언어를 말하는 인간이 아닌 존재—신이든, 외계인이든, 영이든, 동물이든—에 관한 이야기는 잘 갖춰 입은 인간에 관한 이야기일 수밖에 없다. 만약 어떤 존재가 인간의 언어를 말한다면, 그 존재는 인간이어야 한다. 돌이켜보면, 세상의 수많은 위대한 종교들이 설립된 시기는 인간이 자신들의 언어에 대해 그다지 주의를 기울이지 않았던 때였고, 그래서 영원한 하느님이 세상을 창조하기 전에 자신의 정신 속에서 우리의 언어로 경전들을 작성했고, 그런 다음에 천사를 통해 인간 서기관이 받아쓰도록 불러주었다고 주장하는 상식 밖의 실수를 저지르게 되었다는 점은 무척 놀랍다. 이들 신앙은 서둘러 자기들의 경전을 "하느님의 말씀"이라고 불렀는데, 이는 자기들의 하느님이 정의상 영원해야 한다고 여기면서도 언어가 철저히 일시적이라는 점을 전혀 깨닫지 못한 듯한 행동이다. 문장의 의미는 문장 속 단어의 순서에 좌우되고, 문장의 마침은 문장의 시작보다 나중에—**시간상** 나중에—와야 한다. 그러니 시간적 경험을 전혀 알 수 없는 영원한 존재가 어떻게 인간의 언어로 생각하고, 인간의 언어를 내뱉을 수 있겠는가? 그런 식으로 생각했던 사람들, 그리고 **여전히** 그렇게 생각하는 사람들은 분명 자신들의 언어가 무엇인지 생각해보는 일을 시작하지 않은 것이다. 그들은 언어가 사회적이고, 인간적이고, 시간과 공간 속에 놓여있고, 성별에 따른 구별이 있다는(gendered) 것 등등에 대해 알지 못했다. 그래서 그들은 여전히 하느님이 자신들처럼 언어를 사용하는 존재라고 여긴다. 과거에도 그랬고 지금도 여전히 그렇다.

그렇다면 언어 자체만이 우리를 강제하여 우리가 가야할 길인 온전히 인간적인 이 세상 일상생활의 종교로 움직이도록 한다. 이것과 다른 어떠한 세상이나 어떠한 삶에 대한 가능성도 허락되지 않는다. 우리의 언어는 우리에게 단지 한 세상에서 단지 한 삶만 허락한다. 다른 모든 것은 이제 영원히 잊어야 한다.

인간의 정신이 말없이, 아마도 침묵기도의 고요함 속에서, 정신 너머 저 바깥에 실재하는 하느님의 객관적 실재를 더듬어 찾아 직관하는 것이 가능하다는 매우 흔한 미숙한 믿음에 대해 몇 마디 남기면서 이 단락을 끝낼 필요가 있겠다. 하느님의 존재에 대한 전통적인 주장이 성공적이지 못하다는 것이 널리 인정되고 있기 때문에 평범한 실재론 유신론자들(ordinary realist theists) 중 상당수가 (어쩌면 그들 중 대다수가) 마치 하느님에 대한 자신들의 믿음을 일종의 어슴푸레한(shadowy) 경험적 검증을 제공하는 듯한 이런 종류의 주장으로 되돌아갔다. 이들은 비트겐쉬타인 이전의 견해인 언어 표현이 '복제'(copying)라는 견해를 가지고 있다. 즉 이들은 자기들이 기도할 때 하느님의 현존을 '감지'하거나 '느낄' 수 있는 언어 너머의 어둡고 말로 표현할 수 없는 영역을 언어를 사용해 불러낼 수 있다고 생각한다.

나는 황당하여 묻는다. 이러한 감지와 느낌은 대체 어떤 것인가? 당신들은 이것이 **하느님**에 대한 느낌이라는 것을 어떻게 알 수 있는가? 나는 또 묻는다. 사람이 정신 너머의 객관적 존재에 대한 직감을 가질 수 있는가? 매우 모호하고 혼란스럽게 들리지만, 사람들이 계속해서 "거기에 뭔가가 있을 거야. 그 안에 뭔가가 있을 거야."라고 말하는 것을 보면 분명 수많은 사람들에게 중요한 얘기다. 사람들은 분명 자기들에게 매우 중요한 무엇인가에 매달려 있다. 하지만 그들은 언어 너머의 말로 표현할 수 없는 고요한 영역에 관한 모든 얘기가 얼마나 말도 안 되게 모순인지 아직 깨닫지 못한 것 같다.

폴 렙스(Paul Reps)가 들려준 불교 이야기가 있다. 수많은 스님들이 긴 토론을 위해 하늘의 거대한 원형 극장에 모여 있다. 한 스님이 일어나 불교 버전의 최고선에 대해 설법한다. "어떤 말도 그것에 대해 말하기에 적합하지 않습니다. 그것은 언어 너머에 있고, 모든 생각 너머에 있습니다." 비슷한 가르침이 계속된다. 그러자 다음 다른 스님이 일어나 수많은 스님들 앞에서 말한다. "방금 스님께서는 뭔가를 말씀하셨습니까?"

6. 삶, 그리고 나의 삶

1998년 즈음에 나는 존재(Being)라는 단어 또는 삶(Life)이라는 단어에 입각하여 나의 철학을 재구축할 것인지를 놓고 나 자신과 논쟁을 벌이고 있었다. 당시 나는 하이데거의 존재 개념과 씨름하게 만든 짧은 책 두 권으로부터 막 벗어나고 있었다.[5] 언어 이전의 것, 원칙적으로 알기 어려운 어떤 것에 대해 말이 안 된다는 표시로 ~~Being~~이라고 표시해야 했을까? 아니면 지금과 같이 역사의식을 갖춘 시대에 시간을 초월한 절대 존재(absolute Being)는 없다는 것을 확실히 하기 위해 그냥 'Being'이라고 쓰는 게 나았을까? 모든 실존(existence)은 일시적으로 흘러가는 것이다. 조용히 흘러나와 가버린다. 어쩌면 하이데거의 용어인 'Dasein'(현존재)을 취해 역사 속에 놓인 우리 인간의 실존을 부각하는 단어를 사용하는 것이 나았을 수도 있겠다.

내가 이런 문제를 반추하던 시기는 우리가 넓게는 현대 대륙철학을, 그중 특별히 프랑스 구조주의와 탈구조주의 사상을 따라잡겠다는 흥분 속에 20년간 난리친 이후 그 결과를 검토해 보기 시작하던 때였다. 이론은 때때로 비판적 이론이라고 불렸다. 위대한 세대는 이미 사라지기 시작했고, 우리 모두가 이 땅에 내려왔는데, 거기에서 우리에게 어떤 영구적인 차이가 생기는지 우리는 궁금해 했다. 다음은 어디일까?

바로 이 시점에 나는 또 다른 프로젝트를 맡았다. 일상 언어 속의 관련된 모든 관용구를—사람들이 어떻게 된 일인지 설명하려할 때 의지하는 말들을—수집해 해석함으로써 보통 사람들의 철학을 발견해보자는 아이디어

---

[5] Cupitt, *The Religion of Being* 그리고 *The Revelation of Being*, 두 책 모두 SCM Press 1988.

였다. 나는 삶(life)이라는 단어를 사용하는 인상적인 관용구를 100개도 넘게 수집했고 그것에 대해 글을 쓰기 시작했다. 그리고 얼마 지나지 않아 내가 발견한 것은 제2차 세계대전 이후 약 두 세대 동안 일상 언어에서 관심의 대상이 하느님이라는 말에서 삶이라는 말로 대규모로 이동했다는 점이다. 언어에는 이미 내 질문에 대한 답이 들어 있었던 것이고, 우리 모두는 대개 알지 못하는 채로 새로운 일상생활의 종교로 옮겨가고 있었던 것이다. 1960년대는 보통 사람들이 종교적 도덕적 인도를 구할 때 위를 바라보던, 전통의 지배를 받던 기존 사회에 종언을 고했던 시기다. 과거에는 사람들이 초자연적 세계를 향해, 더 위의 사회 계층을 향해, 이전 세대를 향해, 일반적으로는 전통을 향해 위를 바라보았다. 그런데 이제 사람들은 더 이상 그런 식으로 위를 바라볼 필요가 없다는 것을 깨달았다. 보통 사람들이 커다란 트라우마 때문에 자기들의 삶이 격렬하게 혼란을 겪은 이후 어떻게 일상으로 돌아가려고 하는지에 대해 얘기할 때 사용하는 관용구들을 살펴보자. 사람들은 이렇게 말한다.

> 나는 뒤로 물러나서 내 삶(my life)을 되찾으려고 생각 중이야.
> 이제 내가 원하는 것은 내 일상생활(life)로 되돌아가는 것뿐이야.
> 새로운 삶(life)을 시작하면서...
> ㅡ로 돌아간 삶(life)을 살고 싶어.

보통 사람들이 자기 삶에 대해 온전히 책임지는 자유를 갖는 것 이상으로는 자신들의 삶에 대해 더 이상 요구하지 않음으로써, 자기들의 평범한 삶을 자기들 나름의 방식대로 살아갈 수 있기를 요구하는 시대가 도래한 것으로 보인다. 이처럼 인간 실존에 대해 새롭게 민주화되고 세속적인 방식으로 이해하는 것은 17세기 네덜란드 개신교에서 처음 등장했으며, 프랑스 혁명 이후 점차 확산되었다. 이는 대중 소설과 프랑스 인상주의 그림에서 종종 재확인되었다. 빈센트 반 고흐는 자신의 편지에서 이를 매우 잘 이야기했고,[6] 파리학파(Paris-School)의 미술품을 대량으로 구매한 미국의 후원자들도 미국의 낙관주의와 유럽의 현대 도시 생활의 단순한 평범함에 대한 새로운 의식 사이의 밀접한 유사성을 잘 알고 있었다.

형이상학 이후의 새로운 세계상에 대한 자신들의 이해를 표현하기 위해 철학자들은 놀랍도록 많은 용어들을 사용했다. 기본 아이디어는 모든 것을 시간을 초월한 하느님이나 형이상학적 질서에 근거한 것으로 보는 대신에, 역사 발전 과정의 흐름에 근거한 것으로 봐야 한다는 것이다. 그 과정이란 이제는 모든 것, 그야말로 **모든 것**이 출현하는 모체라고 봐야 하는 개인적-사회적 표현과 교류(exchange)의 과정이다.

그렇다면 이런 교류의 위대한 전개 과정을 무엇이라고 불러야 할까? 영(Spirit) 또는 가이스트(Geist)라고 헤겔은 말한다. 변증법적 유물론자의 용어로 읽으면 역사(History)라고 마르크스는 말한다. 삶(Life)이라고 일부 포스트 다윈주의 생기론자들(vitalists)은 말한다. 후설은 생활 세계(life-world)를 말하고, 하이데거는 존재(Being)의 역사와 현존재(Dasein)를 말한다.

나는 **삶**(life)이라고 말하고 싶다. 한편으로는 이미 우리의 일상 언어가 선택한 용어이기 때문이고, 다른 한편으로는 나의 다윈-프로이트 배경 덕분에 (상당한 분량의 개인적 경험은 언급하지 않더라도) 인간 실존이 끊임없이 감정을 쏟아내고, 거기에 맞는 표현을 찾는 과정을 통해 어느 정도까

---

[6] *The Letters of Vincent van Gogh*. 견본으로는 에밀 버나드(Emile Bernard)에게 보낸 두 편지: 1888년 6월 23일과 1889년 11월 20일경; 368-372쪽, 467-473쪽을 보라.

지 감정들의 연료를 공급받고 운행되는지 인식하게 되었기 때문이다. 삶은 사회적, 문화적, 역사적 인간 실존이 흐르며 발전하는 전체 세상이다. 삶은 인류가 끊임없이 시끄럽게 나누는 대화이고, 우리는 이제 삶을 다른 모든 것이 자라나는 우주의 모체 또는 모판으로 여긴다.

≪전쟁과 평화≫에서 피에르가 말하듯이, "삶은 하느님이고, 삶을 사랑하는 것은 하느님을 사랑하는 것이다." 특히 1962년의 경험 이후, 삶은 하느님의 자리를 대부분 또는 완전히 차지했다.

삶에서 첫 번째로 구분해야 하는 것은 **나의 삶**이다. 나의 삶은 전체 삶/생명의 흐름 중에서 내가 내 것으로 주장하고 소유할 필요가 있는 일부이다. 나는 내 삶을 최대한 잘 살아냄으로써 전체에 뭔가 기여할 수 있는 최고의 방법을 찾을 필요가 있다.

이 시점에서 새로운 종교를 이전의 종교와 비교하는 것이 매우 편리할 것 같다. **나의 삶**은 이전에 '나의 영혼'이라고 불렸던 것의 현대 버전이다. 존 칼빈은 ≪기독교 강요≫ 초반부에서, 그리고 존 헨리 뉴먼은 ≪그의 삶을 위한 변론≫(*Apologia pro Vita Sua*) 초반부에서, 종교적 관점에서 볼 때, 우리의 가장 크고 근본적인 관심사가 영혼과 하느님과의 관계에 있어야만 한다는 것에 대해 비슷한 내용을 매우 설득력 있게 말하고 있다. 두 사람 모두 하느님과 영혼이라는 최상의 두 실재를 말한다. 하지만 나는 이들의 이러한 교리를 우리 자신의 동시대 경험이라는 진리로 대체한다. 이 진리란 다른 모든 것에 앞서 나의 삶을 내 것으로 전유하고 주장해야 한다는 것이다. 아울러 그 삶을 활용해야 하는 양보할 수 없는 의무를 내 것으로 수용하고 주장해야 한다는 것이다. "나의 영혼을 팔면" 안 되었던 과거와 같이, 오늘날 나는 내 미래의 삶을 형성할 기본적인 결정을 다른 사람이 내리도록 허락해서는 안 된다. 나는 내 스스로 작게나마 기여를 해야 한다. 나는 **내**

몫을 다 해야 한다. 무엇보다도 나는 모두를 위해, 삶의 한계와 어두운 면에 맞서 '태양처럼'(즐겁고, 표현하고, 긍정적이고, 사교적으로) 되는 방법을 찾을 필요가 있다. 삶 속의 분명한 태양 같은 기쁨은, 이제는 생명을 잃긴 했지만 과거에 '성인됨'(sainthood)에 대해 가졌던 생각의 현대 버전이다.

더 진행하기 전에 현대 버전으로 대체한 단어를 하나만 더 살펴보자. 오늘날 누구나 삶에 대한 사랑과 삶 속에 있는 기쁨의 가능성을 칭송하지만, 우리는 또한 일시성, 우발성, 유한성 등 삶의 한계로 인해 예전부터 드리워진 지속적인 위협에 대해서도 매우 잘 알고 있다. 너무도 많은 목숨이 가난, 폭력, 질병, 기타 개인적 재난 등으로 끔찍하게 망가지고 있다. 전통적인 '죄책감'과 '원죄' 교리는 오늘날 망가진 삶의 비율이 굉장히 높다는 것에 대한 우리의 인식으로 대체되었다는 것이 명백해 보인다.

이에 대해 두 가지 주된 반응이 있다. 하나는 18세기 중후반부터 인간의 고통에 대한 '인도주의적' 관심이 장기적으로 꾸준히 증가한 것이다. 이러한 관심은 "반노예제 시민사회"(Anti-Slavery Society, 1785), "국제 적십자 위원회"(International Committee of the Red Cross, 1853) 등 광범위한 영역의 운동이 설립되는 것으로 표출되었다. 워털루 전쟁(1815년) 때까지만 해도 전사자와 부상자들은 그냥 전쟁터에 버려져서, 주변 마을 사람들이 옷과 치아를 털어갈 정도였다. 오늘날에는 우리 중 가장 야만적인 사람일지라도 더 이상 **그 정도로** 비인간적이지는 않다.

둘째로, 우리는 신앙이라는 것을 살아갈 용기, 삶에 대해 긍정할 용기, 범사에 삶 속에서 태양 같은 기쁨을 찾을 용기라고 보게 되었다. 이것이 우리가 전통적으로 "고통 속의 기쁨"이라고 부르던 것의 현대 버전이다. 그래서 나는 자신의 삶에 그저 헌신하는 형태의 새로운 종교가 이미 전 세계에서 조용히 저절로 세워져가고 있다고 결론 내리게 되었다. 여기에는 전문

변증가도 필요 없고, 눈에 보이는 자체 조직도 필요 없다. 그저 우리 모두가 믿게 된 우리 자신의 모습일 뿐이다. 나는 내 생각을 말하고 있는 것이 아니다. 나는 이미 당신이 생각하게 된 것을 좀 더 명확히 알 수 있도록 돕고 있는 것이다.

7. 삶의 한계

최근에 내가 '삶의 한계'라고 부르는 것을 우리가 보는 방식에 영향을 끼친 전통의 밑바탕에는 플라톤과 표준 기독교 교리가 깔려 있다.

플라톤의 글은 "보이지 않는 세상"과 "보이는 세상" 사이를 대조시키기 위해 플라톤이 도입한 수많은 날카로운 이항 대립(binary oppositions)을 서양 전통 속에 수립했다. 위의 세상은 **영원하고**, 아래의 세상은 **일시적이다**. 높은 곳에 있는 본체의(noumenal) 영역은 **필연적인** 진실의 세상이고, 아래의 불안정한 현상의(phenomenal) 세상은 단기간의 **우발적인** 진실의 세상이다. 행여 낮은 세상에 진실이라고 불릴 만한 무언가가 있다고 한다면 말이다. 위의 세상에 있는 모든 것은 흠이 없이 **완벽하고** 기준이 되는 반면, 아래 세상에 있는 모든 것은 불안정하고 **불완전하다**. 위의 세상은 불변하는 **존재**(Being)의 세상이며, 아래 세상은 늘 변하는 **생성**(Becoming)의 세상이다. 그 외에도 많지만 이런 것들은 우리에게 익숙한 대조인데, 실제로 플라톤의 글에는 없는 것 하나는 **무한/유한** 사이의 대조다. 이 대조는 물론 플라톤의 머릿속에는 있었지만, 하느님의 무한성을 강조하고픈 욕구가 컸던 고대 후기에서야 추가되었다.

두 세상 사이의 이러한 대조들이 기독교 교리에서는 창조주와 피조물 사이의 대조가 되었다. 하느님에게는 영원, 필연성, 무한 등의 '형이상학적 속성들'이 부여되었고, 자연스럽게 모든 피조물들은 일시적이고, 우발적이고, 유한한 것으로 묘사되었다. 하느님의 피조물은 마땅히 하느님의 완벽함에 미치지 못해야 했다. 변증가들은 피조물을 하느님과 극단적인 반대편에 서는 것으로 묘사하는 경향이 있었기 때문에, 피조물은 거의 **필연적으로** 불완전한 존재로 묘사됐다. 이런 식으로 피조물에게 필요했던 불완전함을 라이프니츠의 철학에서는 "형이상학적 악"(metaphysical evil)이라고 기술했다. 이 경구의 의미는 만들어진 것이 모두 창조주와 비교할 때 상대적으로 불완전해야 한다는 것이다.

여기서 라이프니츠가 흔히 "악의 문제"라고 불리는 논문을 쓴 몇 안 되는 위대한 서양 철학자 중 한 명이라는 점을 언급하는 것이 좋겠다. 1710년에 출판된 ≪테오디케≫(*Theodicée*, 하느님을 위한 변명)에서 라이프니츠는 우리 인간을 괴롭히는 악의 종류를 크게 세 가지로 구분했다. 우리의(또는 아담의) 자유의지를 잘못 사용한 결과로 생기는 인간의 죄성과 악함에 대해서는 '도덕적 악'(moral evil)이라는 용어를 사용했고, 움직이는 몸의 세상, 즉 우발적인 자연 재해, 사고, 질병의 세상에서 인간과 동물들이 겪기 쉬운 육체적 고통에 대해서는 '자연적 악'(natural evil)이라는 용어를 사용했으며, 우리 피조물이 어쩔 수 없이 하느님의 무한한 권능과 완벽함과 삶에 미칠 수 없다는 사실에서 유래하는 결론에 대해서는 '형이상학적 악'(metaphysical evil)이라는 용어를 따로 준비해 두었다. (여기서 기술적으로 유의할 점 하나: 유한과 무한 사이의 간극은 **그 자체로** 무한이다. 따라서 엄밀히 말해 유한한 피조물은 창조주의 신적 완벽함에 **무한히** 미칠 수 없다.)

라이프니츠는 기독교 정통 교리와 (어느 정도) 완벽하게 양립되는 기초 신학에 관한 두꺼운 책을 쓴 마지막 주요 철학자였다. 라이프니츠 이후에 곧바로 형이상학적 '신의 죽음'(Death of God)이 나왔고, 철학은 이전의 플라톤식 용어에 대한 대안을 찾기 시작했다. 하지만 놀랍게도 신의 죽음 이후 세상이 단번에 재평가되지는 않았다. 아마도 세상이 여전히 그 자리에 있고, 달라진 것이 그리 많지 않다고 설득함으로써 사람들을 안심시키려는 욕구가 있었던 것 같다. 어쨌든 여러 면에서 자연은 계속해서 '피조물'이라고 생각되었고—또는 말해졌고—계속해서 '어쩔 수 없이' 불완전하다고 여겨졌다. 이는 (앞에서 언급한 것처럼) 일단 창조주를 '무한히' 완벽하다고 정의한 이상 피조물은 창조주의 완벽함에 무한히 못 미치기 때문이다.

아울러 개신교 신학, 특히 칼빈의 개혁주의 전통 속 개신교 신학은 중세 철학을 거부하는 경향이 있었고, 가능한 한 하느님과 세상에 대해 비철학 언어로 말하려고 노력했다. 따라서 존 밀턴의 "시간에 대해"(On Time)라는 송시에서 라이프니츠의 형이상학적 악인 일시성, 우발성, 유한성은 각각 시간, 우연, 죽음으로 나타난다. 오래되고 강렬한 이런 적들은 여전히 세상 속에서 날뛰고 있지만, 신앙은 언젠가 이들이 파멸될 것을 고대하고 있다.

그렇다면 전반적으로 볼 때, 극히 일부 예외를 제외하면, 우리는 가톨릭과 플라톤의 철학 전통, 즉 '중세 스콜라 학자들'과 라이프니츠 안에서든, 칼빈과 밀턴의 개혁주의 전통 안에서든, 우리가 사는 세상은 **황폐했던** 기독교 시대로부터 출현한 것이라고 결론지을 수 있다. 세상의 덧없음, 불완전함, 우리에게 급작스런 개인적 재앙을 입힐 가능성 등과 유혹의 장소로서의 위험성 등은 지속적으로 강조되어 왔다. 시간이 흐르며 우리를 죽음과 마지막 심판으로 하루하루 가깝게 끌고 가는 것에 대한 극도의 공포는, 신의 죽음 이후에 단지 **살아남은** 정도가 아니고, 어떤 면에서는 신의 죽음으로 인해 더욱 **강화되었다**. 이는 말이 안 되는 비논리적인 것으로 보인다. 새뮤얼 존슨 박사가 죽음을 두려워했던 것은 죽음 이후 무서운 심판이 따라올 것이라고 생각했기 때문이다. 하지만 쇼펜하우어(Schopenhauer)부터 필립 라킨(Philip Larkin)에 이르기까지 심판이나 무서운 저주 같은 것을 기대하지 않았던 탈기독교인들(post-Christians)은 왜 여전히 그렇게도 죽음을 두려워했을까? 그들에게는 두려워할 것이 없었다. 하지만 그들은 완전히 두려움에 사로잡혔다.

몇몇 초기 탈기독교 불신자들 중에는 타고난 성격이 밝고 느긋하거나 후천적으로 그렇게 되었거나 해서 두려움 없이 죽음을 맞은 사람들이 있다. 데이비드 흄이 잘 알려진 사례다. 하지만 흄과 동시대를 살았던 많은 사람들은 흄의 쾌활한 불신에 충격을 받았고, 보스웰 같은 사람은 흄이 임종의 순간에는 두려워할 것이라는 생각에 그런 기대를 갖고 임종의 자리에 찾아가기도 했다는 사실은 정통 신앙 가운데 삶과 삶의 한계에 대한 우울하고 비관적인 견해가 늘 그랬듯이 상당히 많이 남아 있었다는 것을 보여준다. 그래서 니체는 이렇게 말했다. "하느님은 먼저 삶으로부터 모든 가치를 **빼**냈고, 그런 다음 하느님이 죽으심으로써 세상은 가치가 없게 되었다." 신이 세상과 인간의 삶으로 **돌아오는** 것이 전체 메시지인 성육신(화육)의 종교가 그 명확한 목표와 완전 정반대를 이루며 끝났다는 것이 얼마나 놀라운가!

동일한 내용이지만 더욱 신기하면서도 고통스럽게 보여주는 사례가 있다. 비록 기독교가 다른 주요 세계 종교에 비해 덜 악의적이었다는—굳이 따지자면 **약간** 덜 악의적이었다는—사실을 어느 정도 자부심을 가지고 내세울 수도 있겠지만, 문제는 지금까지 기독교 문화 안에서도 여성의 섹슈얼리티와 생식계는 어느 정도 황폐화된 상태로 남아있다는 것이다. 심지어 하느님의 아들이 "동정녀의 자궁을 혐오하지 않았다!"라는 찬송가 고백이 있는데도 말이다. 여성성을 거룩한 것으로 축성해야만 했던 표준 기독교 교리는 오히려 그 고백과 정반대되는 도덕적 유산을 남긴 것으로 보인다.

이 문제에 대해 두 가지 간단한 사례를 살펴보자. 대부분 아니 모든 주요 종교 전통에서 월경 중인 여성은 제의상 불결한 상태에 있는 것으로 여겨진다. 그런 상태에서는 성소나 기도의 집에 들어갈 수 없고, 목욕과 같은 정결 의식을 수행해야 한다.

기독교의 경우 공식 가르침의 주된 내용은 월경 중인 여성이 교회에 출석해 성찬에 참여하는 것을 언제나 허용했던 것으로 보인다. 교황 성 그

레고리오 1세가 모든 교황의 전례 발표문 중 가장 품위 있고 인간적인 발표문 중 하나에서 그렇게 말한다. 하지만 월경 중인 여성과의 성관계는 거의 현대까지도 강하게 거부된 주제로 남았고, 최신 영어 사전과 속어 사전에도 (주로 여성들이 스스로 사용하는) '저주'(the curse, '하와의 저주'의 축약형)라는 표현의 용례가 여전히 수록되어 있다는 것을 발견할 수 있다. 이 표현을 통해 나는 여전히 많은 여성들이 그들의 성 전체가 황폐화되었다고 느끼고 있음을 강하게 깨닫는다.

두 번째 사례는 여성의 성적 표현과 관련이 있다. 내 생각엔 전 세계 거의 모든 종교 전통에서 믿음이 강한 남성들은 화장, 미용, 의상, 매우 불편한 신발 구매 등등에 관심을 쏟는 여성의 표현을 깊은 분노와 거부감을 가지고 대한다. 여성들은 주로 격리되어 있고, 두텁게 베일을 둘러야만 밖으로 나갈 수 있다.

젊었을 때 나는 운이 좋아서 학창 시절 마지막 3년과 대학의 첫 2년 동안 주로 생물학을 공부하며 보냈다. 이름난 종교들이 모두 성에 대해 혐오하는 견해를 가지는 반면, 생물학은 대개 성 문제에 대해 건전하고 건강한 태도를 가르친다. 덕분에 나는 남성이든 여성이든 성적 표현을 온전히 자연스럽고 오히려 멋진 것이라고 여기는 것 말고 다르게 볼 이유가 없다는 것을 배웠다. 그것은 '삶의 기쁨'(joie de vivre)을 표현하는 것이다. 어쩌면 우리는, 최소한 기독교 문화는 이슬람 사회들의 현재 모습이나 앞으로 지향하는 모습처럼 잔인하게 억압적이지 않다고 스스로 자랑스러워하거나 자부심을 느끼기 쉽다.

하지만 그렇지 않다. 기독교 문화에서도 여성의 성적 표현은 결혼 이후 흔히 자취를 감춘다. 지중해 지방과 동유럽에서, 결혼한 중년 여성과 과부들은 어둡고 수수하고 칙칙한 옷을 입었다. 지금도 그런 경우가 있다. 결혼한 여성은 시장에서 품절녀가 되는 것이고, 상징적으로 죽은 것이고, 더 이상 소설 작가의 주제가 되지 못한다. 더 이상 아무도 **관심**을 갖지 않는다.

이제 여담은 그만 두고 논의를 요약하여 달라진 견해를 보고해야겠다. 몇 년 동안 나는 매우 전통적인 '플라톤식' 용어를 사용하여 "삶의 한계"를 일시성, 우발성, 유한성으로, 또는 대중 언어로는 시간, 우연, 죽음으로 기술했다. 아마도 이들 용어는 슬라보예 지젝(Slavoj Zizek)에게서 가져온 것일 것이다. 지젝은 셸링(Schelling)에 관한 책 어딘가에서, 헤겔 이후 현대 철학은 모든 것을 역사로 끌어내리려는 경향이 있었고, 따라서 철학의 주된 관심은 과거의 시간을 초월한 필연성과 선험적(*a priori*) 진실에 대한 관심으로부터, 일시성, 우발성, 유한성에 대한 관심으로 옮겨졌다고 말했다. 요약하자면, 순수 이성에 대해서는 관심이 줄었고, 자유와 실제 인간 조건의 '투쟁성'(agonistics)에 대해서는 관심이 늘었다.

이제 나는 이에 대해 두 가지 반론을 지적하겠다. 첫째, 과거의 용어를 계속 사용한다는 것은 현대 철학이 보기와는 다르게 플라톤주의로부터 완전히 해방되지 못했다는 것을 강력하게 시사한다. 왜 현대 철학이 과거로부터 황폐화되고 평가절하된 인간의 생활 세상을 수용해야 하는가? 적어도 나는 이제 우리가 시간 속에서 산다는 사실, 우리가 유한하다는 사실에 뭔가 깊숙이 불만족스럽고 잘못된 것이 있다는 생각을 거부하고 싶다. 나는 우리가 어떻게 다른 가능성이 있을 수 있다고 상상할 수 있었는지 신기할 따름이다. 당연히 인간은 유한하고 당연히 인간의 삶은 일시적이다.

두 번째 반론은 현대 철학이 또 다른 중요하지만 쉽게 간과되는 측면에서 계속해서 '플라톤적'이었다는 점이다. 현대 철학은 우리가 인간에 대해, 인간의 조건에 대해, 인간의 생활 세상에 대해 얘기할 때, 우리가 언제나 기준으로 염두에 두는 것이 인생의 전성기에 있는 자유로운 어른 남성이라고 가정한다. 하이데거와 사르트르 역시 과거 플라톤에서 칸트에 이르는 시대의 작가들과 마찬가지로 똑같이 그렇게 가정했다. 나도 그들과 나란히 길을 걸었기에, 나 역시 우리가 어떻게 삶의 한계를 명확히 인식한 상태에서 살아갈 용기, 삶을 긍정할 용기를 찾을 수 있을지에 대한 종교적 질문을 던져왔는데, **오직** (확실히 다소 늦은) 인생의 전성기에 있으며 건강한 자유로운 성인 남성의 관점에서만 그런 질문을 던졌고, 그런 사람에게 맞는 답이 모두에게 맞을 것이라고 여겼다.

하지만 우리는 하나의 기준이 되고 대표성을 띠는 하나의 인간 유형이 있어서 그 사람이 삶과 합의한 내용이 나이, 성별, 조건 등등에 상관없이 다른 모든 인간에게 표준 양식처럼 작용할 수 있다는 '플라톤적' 가정을 해서는 안 된다. 최근까지만 해도 나는 은연중에 내가 모두를 위해 글을 쓸 수 있다고 생각했다. 하지만 지금 나는 손주 넷을 두고 있고, 서로 다른 세 세대의 삶에 깊이 파묻혀 있다. 나는 70대 초반이고, 내 자녀들과 배우자들은 40대이고, 손주들은 어린 아기들이다. (평균수명이) 길어진 현대 생활 속 여러 다른 단계에서 우리의 삶의 상황이 얼마나 다양한지를 내가 깨달을 수밖에 없다는 것은 충분히 상상할 수 있는 일이다. 우리는 이제 한 가지 단일한 종교관이 '남성에 대한'(ad hominem) 또는 '여성에 대한'(ad feminam) 사소한 조정을 거쳐 모두에게 일생 동안 작동할 것이라고 말할 수 없다. 도리어 일상생활의 종교는 연령과 연관되어야(age-related) 한다. 우리는 삶의 수많은 다양한 단계를 거치며 계속해서 삶과의 합의를 재조정할 필요가 있다. 사람들이 말하는 것처럼, **나잇값을 해야 한다**(Be your age!) 이를 해석하면 이런 말이다. "자기 나이보다 젊어 보이도록 세상을 속이려고 노력하다가 나자빠지지 말라. 그것이 불행의 지름길이다. 삶과의 합의를 재조정하면서 당신의 현재 나이와 당신이 실제로 가진 능력에 적합한 삶을 긍정하며 행복해지는 방법을 찾아라."

그렇다면 이제 나는 모든 사람이 언제나 합의에 이르러야 하는 전통적이고 보편적인 삶의 한계는 우발성(또는 우연)과 죽음이라고 말하는 바이다. 우리가 삶과 맺는 합의의 종류는 우리의 성(sex), 섹슈얼리티(sexuality), 나이, 조건 등에 따라 크게 달라지므로 삶과의 관계(나는 이렇게 부른다)는 우리가 삶의 많은 단계를 통과할 때 거의 매번 다시 생각할 필요가 있다. 이렇게 끊임없이 다시 생각하는 것이 짐스러울 수도 있지만, 이를 통해 우리는 삶 전체가 삶 속의 각각의 단계보다 훨씬 크고 훨씬 흥미롭다는 중요한 교훈을 얻을 수 있다. 또한 인생의 후반부를 흘러가는 시간에 맞서 싸우느라 헛되이 보내지 않게 되는 보너스도 얻게 된다.

8. 내버려 두기

누구나 인간이 매우 사회적이고 모방하는 존재라는 것을 안다. 우리는 태어난 지 몇 주 안 된 갓난아이가 가까운 사람의 얼굴을 진지하게 쳐다보는 모습에 놀라게 된다. 아기는 곧 우리가 하는 거의 모든 행동을 최대한 따라 하려 한다. 우리는 이런 모방성을 활용해 아이에게 말하는 법을 가르치고, 아이가 모국어를 습득하고 해당 언어 공동체의 일원이 되는 과정에서 그 속도와 결단성을 보며 보람을 느끼게 된다. 실로 엄청난 지적 위업이다.

그 후 우리가 새로운 단어와 관용구, 새로운 패션, 가치, 기술, 신앙, 당대의 뿌리 깊은 전제 등을 즉각적으로 무비판적으로 수용함으로써 이러한 모방성은 평생 동안 계속된다. 지난 20년 동안 사회 전체가 새로운 통신, 정보, 엔터테인먼트 기술을 받아들이는 방향으로 함께 이동한 것으로 보인다. 다른 불평등에도 불구하고 선진 사회에서는 많은 사람들이 언어, 기술, 행동 등에 관한 방대한 기능에 대해 동등한 교육을 받았다. 우리는 고도로 사회화되었고, 전체 시스템이 작동하려면 그렇게 되어야만 한다.

이 모든 것이 말해주는 것은 인간에게는 '자기 사회화'(self-socialization)에 대한 강력한 동력이 있다는 점이다. 우리는 모든 규칙을 배우고 싶어 하고 단체에 참여하기를 원한다. 우리는 소속되기를 원하고 통합되기를 원한다. 하지만 여기에는 뜻하지 않은 장애물이 있다. 모두가 협력하고 모든 것이 매끄럽게 작동하는 모습을 **가장** 잘 볼 것 같은 바로 그 상황에서 흔히 인간들 속에 있는 심하게 제멋대로이고, 자기 과시적이고, 파괴적인 경향이 드러난다. 인터넷은 훌륭하면서도 매우 강력한 발명으로서 전 세계에 마치 들불처럼 번졌다. 하지만 도처에서 해커, 가짜뉴스, 바이러스, 사기꾼 등등 때문에 몸살을 앓고 있다. 공동체가 구성원 모두에게 구급차와 소방차를 호출할 권리를 부여하자 호출의 절반 이상이 장난전화다. 가정에서 우리가 받는 이메일의 90% 정도는 열어보지도 않고 지우는 쓰레기다.

우리 인간에게는 단체의 구성원으로 받아들여지고 싶은 매우 강한 욕구가 있는 것으로 보인다. 우리는 모든 규칙을 배우고 싶고 그것들을 모두 지키고 싶어 한다. 우리는 다른 사람들과 똑같기를 원한다. 하지만 우리에게는 규칙을 어기고 싶어 하는 마음이 똑같은 정도로 강해서, 우리의 안녕이 사회 제도가 매끄럽게 잘 작동하는 데에 달려있는데도 그 제도를 훼방하고 싶어 한다. 우리는 구축하고 싶지만 동시에 파괴하고 싶다.

그럼에도 불구하고 우리가 워낙에 사회적인 존재들이라서 우리는 흔히 인간이 가장 행복한 건 가장 친밀한 관계 속에서일 것이라고 생각한다. 우리는 가족, 마을, 교회, 거주 공동체, 종교 모임, 휴게실, 회식, 동호회, 협회, 친교 모임 등 얼굴을 맞대는 작은 공동체를 이상화하고 싶어 한다. 우리는 종종 이러한 이상적 공동체에 소속됨으로써 개인의 행복을 얻으려 한다.

그리고 우리는 흔히 실망한다. 우리가 속한 집단이 서로 갈등하는 파벌, 권력 다툼, 중상모략, 집단 따돌림 등으로 분열되어 있다는 것을 발견하게 되기 때문이다. 이는 특히 갈등이 없고 '은둔해 있고', 조용하고 따뜻한 분위기라는 자기 이미지가 강한 학문 집단과 종교 집단에서 심하다. 그런 점에서 사르트르가 옳았다. "지옥은 다른 사람들이다"(*L'enfer, c'est les autres*). 사람들이 서로 가까워질수록 냉담하며 영원히 서로를 혐오하는 태도에 갇힐 위험이 커진다. 종교 공동체는 이런 면에서 특히나 지옥 같다.

왜냐고? 삶의 불확실성, 죽음의 확실성, 모든 가치의 불안정성에 직면한 우리는 극도로 불안하고 위협을 느낀다. 다른 사람들도 모두 똑같이 느낀다. 근심과 걱정을 완화하기 위해 우리 모두는 다른 사람들보다 상대적으로 이익을 얻고자 노력한다. 우리는 다른 사람에 대한 **권력과 권위**를 원한다. 그게 여의치 않다면 우리는 사람들로부터 **인정을 받는 것**으로 타협할 것이다. 그것도 여의치 않다면, 우리는 절대적 최소한인 **존중받는 것**으로 타협할 것이다. 하지만 안타깝게도 다른 모든 사람들은 자신을 과대평가하면서도 나를 과소평가하는 것처럼 보인다. 그래서 사회는 사회적으로 우월적 지위와 인정을 얻기 위해 벌이는 "모두에 대한 모두의 전쟁"(bellum omnium inter omnes)이 되어버렸다. 모두가 원한을 품은 채 화가 나 있고, 모두가 자신을 불의의 희생자(a victim of injustice)라고 여긴다. 좀 더 달콤하고 조화로운 관계를 찾아 종교 단체나 민족 해방 운동에 참여해보지만, 안타깝게도 거기서도 똑같은 갈등이 되풀이된다. 사실 가장 이상적으로 보이던 단체가 최악인 경우로 드러나는 일은 흔하다. 대개 구성원들 모두가 서로를 '형제'라고 부르는 집단은 조심해야 한다는 교훈을 얻게 된다. 첫 살인자도 형제였다는 점을 잊지 말자.

그러므로 나의 결론은 우리가 요구하는 모든 사랑과, 모든 지지와 무엇보다 모든 '존중'을 우리에게 줌으로써 우리를 구원할 외관상 완벽해 보이는 공동체에 참여한다고 해서 우리의 문제가 해결되지는 않는다는 것이다. 우리는 먼저 종교에 관한 질문을 다뤄야 하고, 이러한 종교에 관한 질문은 우리 각자가 혼자서 다뤄야 한다.

종교에 관한 질문은 삶에 관한 질문이며, 또한 나의 삶에 관한 질문이다. 나는 나 자신을 포함해 생활 세상 속의 모든 것이 흘러가는, 온전히 우발적인, 비영구적인 것이라는 사실을 이해하고 수용하는 법을 배워야 한다. 나는 모든 것, 다른 모든 사람들과 마찬가지로 그저 죽을 수밖에 없는 존재이며, 조만간 사라질 것이다. 하지만 그때까지 나는 삶, 즉 **나의** 삶에 개인적 지분을 갖고 있고, 나는 내 삶을 내 것이라 주장하고 수용할 필요가 있다. 삶을 사랑하고 그것을 최대한 잘 살아냄으로써 나는 공동 세상의 내 영역인 한쪽 구석을 재평가할 수 있는 뭔가를 조금이나마 할 수 있고, 그것이 내가 물어야 하는 모든 것이다. 사회적으로 우월적 지위나 인정이나 존중을 끊임없이 요구한다거나 얻기 위해 애쓴다고 해서 얻어지는 것은 없으며, 따라서 우리는 그런 욕망을 완전히 제거해야 한다. 우리는 흘러가는, 우발적인, 비영구적인 생활 세상의 일부로서 우리 자신이 잠시 동안 수행한 내용일 뿐이다. 영구적으로 실재하는 핵심 자아(core-self) 같은 건 없다. 그러니 그 지위를 높여보려는 노력은 아무런 의미가 없다.

또한 19세기에 일반적이었던 꿈, 즉 우리 자신을 긴밀한, 고도로 상호의존적인, '유기적'인 유형의 사회에 반듯하게 집어넣고서 거기서 미리 예정된 사회적 역할을 완수하는 데에서 만족을 찾음으로써 구원을 얻으려는 꿈을 좇는 것도 아무런 의미가 없다. 신중세주의(neomedievalism)로 가기에는 너무 늦었다. 사회주의로 가기에는 너무 늦었다. 어떤 형태든 기업국가(corporate state)로 가기에도 너무 늦었다. 우리는 더 이상 그런 유형의 인간이 아니다. 우리에게 필요한 건 사람에 의해서가 아니라 법에 의해서 통치되는 열린사회(open society)다. 그 안에서 우리 모두는 체제가 우리에게 개인적 공간을—즉 개인의 종교적 표현적 자유를—허용할 것이라고 신뢰할 수 있다. 우리 각자는 이러한 개인적 공간을 우리 자신을 위해 주장해야 하고 다른 사람들에게 허용해야 한다. 우리 각자가 스스로 종교에 관한 문제를 인식하고 해결하는 데 필요한 개인적 공간을 가진다면, 우리는 우월적 지위, 인정, 심지어 존중을 추구하지 **않으면서도** 사람들을 사랑하는, 태양 같은 방식으로 이웃과 관계 맺을 수 있다. 이런 점에서 종교가 정치보다 우선한다.

이 모든 것은 가장 가까운 가족 관계에도 적용된다. 가족 관계는 워낙 가까운 나머지 여러 면에서 우리의 필수 구성 요소이며, 이러한 관계 속에서는 다른 사람들에게 그들에게 필요한 개인적 공간을 주어야 한다는 것을 잊지 않는 것이 더더욱 중요하다. 공공 영역에서의 삶이 영구히 손상되고 침체된 불운한 나라들에서 남편들이 개인의 삶 속에서 더 많이 수염을 기르고, 지배하려 하고, 폭력적으로 됨으로써 보상 받으려 하기 쉽다는 것은 잘 알려져 있다. 반면 부인들과 부모들은, 의식하지 못한 채, 소유하려 하고, 간섭하려 하고, 질투하고, 염려하기 쉽다. 사람들은 (증거들은 무시한 채) 가정생활에는 악의가 없고 잘못을 해도 만회된다고 믿으려는 경향이 있다. 하지만 나는 다시 한 번 세 번째 밀레니엄의 사람이 보유해야 할 첫 번째 것은, 자신의 삶과 종교적 합의를 맺기 위해 필요한 개인의 종교적 자유와 표현의 자유라고 주장하는 바이다. 이것이 태양처럼 살아가는(solar living) 법을 배우는 것이고, 우리가 사랑하는 사람을 다치게 하거나 구속하지 않고 사랑하는 법을 배우는 것이다.

먼저 우리는 상황을 내버려 두는(let it be) 법을 배워야 한다. 그런 다음 우리는 **사람들을** 내버려 두는(let people be) 법을 배워야 한다. 그러면 우리는 사랑할 준비가 된 것이다. 우리는 꽉 짜여진 유기적인 유형의 사회가 우리를 구원할 것으로 기대하면 안 된다. 우리는 우리가 동일시할 완벽한 사회를 기대하면 안 된다. 그리고 우리는 모든 형태의 민족중심주의, 국가주의, 종교에 대한 배타적 헌신 등을 혐오해야 한다. 대신에 우리는 무엇보다 멋지고 자유로운, **정말로** 자유로운 사회를 기대해야 한다. 그러면 사람들이 개인적인 영성의 공간을 가질 수 있고, 스스로 종교에 관한 질문을 인식하고 처리할 수 있으며, 창의적이 될 수 있다. 이러한 우선순위가 수립된 뒤에야 비로소 우리는 파괴적인 형태가 아닌 태양 같은 사랑에 대해 이야기할 수 있다.

9. 불가능한 사랑[7]

임마누엘 칸트는 인간의 정신이 영속적으로 빠지기 쉬운 특정한 매혹적인 환상이 있다고 주장함으로써 현대 철학의 한 전통을 시작했다. 칸트는 이러한 환상이 어떻게 생겨나는지, 또 어떻게 드러났다가 사라지는지를 자세히 보여주는 것이 중요하다고 주장했다.

여기서 칸트의 생각은 자신의 **비판적**(critical) 철학이 또한 **치유의**(therapeutic) 철학이라는 것이다. 그의 철학은 흔히 사람들을 헤매게 만드는 환상을 치유하는 일에 착수하고, 우리가 생각의 적정한 한계 안에 머물도록 돕는다. 환상에서 깨어나는 것과 사물을 있는 그대로 보는 것이 언제나 더 낫다는 전제는 철학자들 사이에서 매우 보편적인 것이다. 하지만 종교에서는 최소한 일부의 강력한 인도하는 이야기(guiding stories), 도움이 되는 이미지, 힘을 주는 약속 등을 사람들에게 허용하기 원하는 오래된 전통이 있다. 종교에서는 가장 취약한 사람의 경우에도, 성상 파괴자가 되고 환상들(또는 이미지들)을 파괴하는 것이 언제나 더 좋다고 주장하는 것이 쉽지 않다. 철학자들은 사람들에게서 환상을 제거해 주는 것이 치료 효과가 있다고 말할 수 있다. 하지만 많은 종교 교사들은 연약한 사람들이 종교 안에서 죽음 이후의 삶에 대한 믿음, 결국 선이 승리할 것이라는 믿음, 우리의 도덕적 갈등 상황에서 신의 지원, 즉 은혜가 우리를 도울 것이라는 믿음 등과 같은 환상의 믿음이나 이미지를 통해 얻을 수 있는 위안을 필요로 한다고 반박할 것이다. 심지어 칸트조차 우리가 이런 세 가지 믿음이 **마치 사실이어야 하는 것처럼**, 그래서 사실인 것처럼, 행동하는 것이 옳다고 말함으로써 이들

---

[7] 이 단락의 내용은 어쩔 수 없이 나의 책 *Impossible Loves*와 밀접하게 관련되어 있다.

믿음의 제한된 도덕적 버전을 지지하는 데까지 나아갔다. 철학자로서 칸트는 환상은 환상일 뿐이라는 것을 안다. 하지만 도덕 교사로서 또 인간으로서 칸트는 우리 모두가 격려를 필요로 한다는 것을 안다.

칸트가 자신의 주된 논의에서 염두에 두고 있는 두 가지 가장 큰 환상은 전통적인 형이상학적 개념인 하느님과 영혼이다. 즉 하느님(God)은 무한한 영이고, 세상을 통합시키는 객관적 기초이며, 모든 것에 대한 자명한 설명이다. 영혼(Soul)은 우리의 다양한 주관적 경험과 시간 속에서 변화하고 발전하는 우리의 삶에 기초가 되고 그 모든 것을 통합하는 유한한 영이다. 이들 두 개념은 동반자 개념이다. 즉 하느님은 바깥 너머에 있는 무한한 영으로서 객관적 세상을 통합하고 유지하며, 영혼은 우리 안에 있는 유한한 대응물로서 우리의 주관적 삶을 통합하고 그 기초가 된다. 둘 다 단순하고, 둘 다 불멸이며, 둘 다 자신들이 기초 역할을 하고 통합하는 객관성과 주관성이라는 경험의 큰 두 영역을 초월한다. 하지만 바로 그 이유 때문에, 즉 이들이 경험을 초월한다는 이유 때문에, 두 개념은 공허하다(empty)고 칸트는 말한다. 그리고 칸트의 파괴 작업은 영원한 것으로 드러났다. 왜냐하면 현대 철학의 주요 전통이 칸트로부터 나왔으며, 사실상 그의 대표적인 이론을 거의 혹은 전부 전제하고 있기 때문이다. 헤겔 이후로 많은 사람들이 우리의 모든 삶은 **역사적이고**, 인간의 모든 생각과 믿음은 지속적인 역사적 변화에 종속적이라고 말해왔다. 그러므로 역사 속에 있는 우리의 관점으로부터 역사 밖에 존재하는, 시간을 초월한 절대자와 접촉하고 교감할 수 있다고 생각하는 것은 잘못이다. 그러다 20세기 들어 **언어**에 대해 같은 주장이 되풀이되었다. 우리의 정신적이며 지적 삶은 모두 언어 안에서 행해진다. 하지만 언어의 세계는 인간의 생활 세상과 인간관계가 바뀜에 **따라** 모든 곳에서 전환과 변화가 일어나는 거대한 차이의 장(a great field of differences)

이다. 언어 안에서 우리는 언제나 부차적인 것 안에 있으며, 결코 일차적이며 절대적인 것과는 명확하게 접촉할 수 없다.

칸트는 스스로가 그러한 '상대주의'(relativism)로부터 벗어났다고 믿었다. 칸트는 의지의 자유롭고 도덕적인 헌신 가운데 우리는 칸트가 '도덕적 신앙'이라고 부르는 절대자와 의식하지 못한 채 접촉할 수 있고 그렇게 하고 있다고 믿었다. 하지만 칸트의 윤리는 칸트의 철학 중에서 그 후계자들이 가장 먼저 내던져버린 부분이다. 왜냐하면 가치에 대한 우리의 생각 **역시** 지속적이면서도 놀랍도록 빠른 역사적 변화에 종속적이라는 것이 너무 명백하기 때문이다.

사람들이 의지하여 살았던 이전의 '절대적인 것들'와 '확실한 것들'을 모두 파괴할 정도로 오늘날 인간의 생활 세상이 변했고 또 변하고 있다는 것은 대부분의 사람들에게 명백하다고 나는 생각한다. 세상에는 너무나 많은 종교가 있고, 너무나 많은 신이 있고, 너무나 많은 계시가 있고, 너무나 많은 상충되는 해석이 있고, 이 모든 것들은 명백하게 역사의 영향을 받는다. 그리고 절대적인 것이 될 만한 것들 중에서 어떤 것이 진짜일지 확인할 수 있는 절대적인 또는 온전히 독립된 기준은 없다. 이와 같은 내용들은 모두 칸트와 동시대 사람이었던 레싱(G. E. Lessing)이 ≪현자 나단≫(*Nathan the Wise*, 1779)이라는 희곡에서 이미 말했던 것이고, 이제는 흔한 것이 되었다. 지난 두 세기 동안 소설이 등장하고 무대, 스크린, 라디오, 비디오 등에서 공연되는 사실주의적인 드라마가 등장하면서 대부분의 사람들이 삶의 흐름에 잠겨 사는 것과 영국인들이 판례법(case-law)을 발전시켜감에 따라, 즉 축적된 경험으로부터 조금씩, 개인의 삶의 철학을 발전시켜가는 것에 만족하게 되는 세상이 도래하는 것을 잘 볼 수 있다. 소설과 드라마의 등장으로 영국인들은 놀라울 만큼 비지성적이 되었지만, 나는 그것이 완전히 나쁜 것이라고만 보지는 않는다. 그것이 통상 그러하듯 회의론을 지지하는 적절한 확신과 결합한다면 말이다.

그러나 평범함을 벗어나 숭고한 수준까지, 심지어 순수하게 초월적인 수준에까지 이르는 어떤 것과 우리 자신이 접촉하고 있다고 믿고 싶어지는 한두 가지 영역이 여전히 남아 있다. 그 숭고함이란 보통 자연 경관, 강력한 에너지, 또는 우리를 압도하고, 우리를 깜짝 놀라게 하고, 우리를 어지럽게 하고, 경외와 두려움 또는 연민이라는 무한한 우주적 감정(unbound cosmic emotions)으로 우리를 채우는 아름다움 등이다. 이런 점에서 우리는 숭고한 것들을 일상생활 속에서, 예술 속에서, 사람들의 행동 속에서, 또는 자연 현상 속에서 흔히 마주칠 수 있다. 그리고 이들 숭고한 것들은 사람들의 삶에 깊게 영향을 끼칠 수 있다.

여기에 1948년경 이후부터 내가 직접 겪은 사례가 있다. 서리가 내린 어느 봄날 아침 길을 걷다가 울타리 속에서 굴뚝새의 둥지를 발견했고 그 속에 뭔가가 있다는 것을 알게 되었다. 살짝 열어보니 굴뚝새 한 마리가 알들 위에 앉은 채 얼어 죽어 있었다. 어린 소년이었던 나는 소년들이 흔히 그렇듯이 크게 감명을 받았고, 지금까지도 그 일을 기억하고 있다. 물론 죽음도 불사하는 동물의 헌신과 같은 감동적인 장면은 온전히 세속적이고 자연주의적인 견해와 완벽하게 양립 가능하다. 이는 일반적으로 숭고함의 경우도 마찬가지다.

하지만 사랑에 관해서는 우리가 초월적인 주장을 하거나 적어도 암시하는 것으로 보인다. 특히 우리가 존재하지 않거나 불가능한 대상을 고집스럽게 사랑하려고 할 때, 또는 동료 인간과 같은 지극히 평범한 대상에 대해 불가능하고 초월적인 사랑을 주장하려고 할 때 그러하다.

먼저 **불가능한 대상에 대한 사랑**을 살펴보자면, 전형적인 사례로 유족들이 더 이상 존재하지 않는 사람을 계속 사랑하는 것을 꼽을 수 있다. 우리는 이미 죽은 과거의 동반자에 대해 치유 불가능한 사랑에 빠져 있을 수도 있고, 아주 회의적인 사람이라도 죽은 부모님이 여전히 생생하고 강력하게 우리의 상상 속에 살아 계시다는 점을 인정할 것이다. 하느님에 대한 우리의 사랑(our love for God)도 마찬가지로 보편적이고 생생해서, 하느님의 형이상학적 속성과 인간적 속성이 서로를 배제하기 때문에 하느님은 존재할 수 없었다는 점을 깨달은 이후에도 계속 지속된다.

우리는 하느님의 죽음 이후에도 여전히 하느님을 사랑할 수 있다. 실제로 그렇게 한다. 사람들은 하느님이 존재하지 않는다는 것을 알면서도 하느님에게 여전히 기도한다. 심지어 무신론자도 잉글랜드 이스트 미들랜드의 도시 M이나 웨스트 미들랜드의 도시 S를 '신이 버린'(godforsaken) 도시라고 부르는데, 그 이유는 하느님이 어떤 장소에서 자신의 '두드러진 부재'(conspicuous absence)를 무신론자에게도 떠올리게 할 수 있기 때문이다. 그러니 철저한 무신론이라도 하느님이 (논리적으로는) 존재할 수 없다는 것을 분명히 이해하는 상황에서조차 하느님에 대한 신앙의 형태를 띨 수밖에 없다. 이는 마치 우리가 최근에 죽은 어느 친척의 서재에 들어가면, 그 사람의 죽음이 너무나 확실한데도 그 서재 안에서 그 사람의 "부재로 인한 현존"(presence-by-absence)이 더욱 생생하게 느껴지는 것과 같다. 데리다는 이를 '혼톨로지'(hauntology), 즉 '허깨비/유령 신학'(spectral theology)이라고 불렀으며, 맞는 말이라고 생각한다.

또 다른 불가능한 사랑의 대상 두 가지를 간단히 살펴보자. 하나는 어릴 때 믿었다가 더 이상 믿지 않는 과거의 종교에 대한 우리의 꾸준한 사랑이다. 종교가 슬그머니 사라짐에 따라 이에 대한 우리의 사랑은 더욱 강해진다. 성공회의 평화 운동(Anglican peace), 마리아를 향한 가톨릭의 기도, 그리고 (아마도 가장 강력한 것으로) 이제는 잃어버린 프로테스탄트의 기쁨 체험 등으로 말이다. 두 번째 불가능한 사랑의 대상은 우리가 쉽게 일체감을 느낄 수 있는 동물이다. 이 사랑은 짧고, 불가능하며, 헛수고일 수도 있지만, 놀라운 것이다. 완전히 다른 두 세상, 서로 다른 두 피조물이 '별들의 우정'(star-friendship, 역자주: 니체의 *The Gay Science*에 나오는 표현)과 같은 순간에 짧게 교차한다. 하지만 여기에 대해 더 할 말은 없다. 어쩌면 나의 가족에게 유전된 기능일지도 모른다.

이제 우리는 **스스로 불가능한 주장을 하는 사랑**의 유형에 대해 간략히 설명할 필요가 있다. 이것은 인간의 성적인 사랑, 특히 결혼관계 안에서의 성적인 사랑으로서 거의 언제나 불가능한 주장을 하는 것처럼 보인다. 우리가 결혼할 때, 우리는 결혼이 죽음에 의해서 끝난다는 사실을 확실하게 배운다. 결혼은 일시적 관계일 뿐 영원한 것이 아니다. 하지만 우리는 시인이 연인에게 불멸을 약속하듯이, 남편이 아내에게 영원의 반지를 선물하듯이 성적인 사랑이 영원할 수 있다고 주장하며 죽음에 항거하려고 한다. 중국에서는 금혼식을 조촐하게 치르는데, 그 이유는 모두가 그 결혼관계가 얼마 남지 않았다는 것을 알기 때문이다. 그런데 우리 서양인들은 정직하지 못해서 금혼식 이후에도 결혼관계가 무한정 계속될 것처럼 여기고 싶어 한다.

솔직히, 이성 간의 사랑은 언제나 불가능을 시도하고 싶어 하는 것으로 보인다. 종교적 믿음처럼, 이성 간의 사랑은 각자가 서로에 대해 모두 함께 (*totum simul*), 순전하고, 상호 투명한, 살아있는 현존을 갈망하며, 그 현존은 영원으로, 절대적인 사랑으로 나아가길 바란다. 참으로 (데리다의 생각을 데리다보다 한 걸음 더 멀리 가져가 본다면) 종교적 믿음 안에서, 이성 간의 사랑 안에서, 그리고 보편적으로 우리 모두의 사랑 안에서, 우리는 플라톤과 파르메니데스 이후 서양 이성(Western Reason)의 전형적이고 반복되는 실수를 계속 하고 있는 것처럼 보인다. 즉 우리는 절대를 갈망한다.

스타니스와프 렘(Stanislaus Lem)의 소설을 원작으로 한 타르코프스키(Tarkovsky)의 1972년 영화를 리메이크한 소더버그(Steven Soderbergh)의 영화 "솔라리스"(*Solaris*, 2002)는 이성 간의 사랑의 '불가능성'을 잘 보여준다. 원작과 리메이크에 관한 우리의 상식과 다르게, 이 세 가지 중에서 소더버그의 영화가 제일 낫다.

그 영화에서 크리스 켈빈은 정신과 의사로서, 솔라리스 행성의 주위를 돌면서 탐사하는 단순 작업을 수행중인 우주선의 승무원들을 돕는 임무를 부여받는다. 뭔가 잘못되고 있다. 승무원들에게 문제가 생겼고, 이들은 켈빈이 돌아가는 상황을 이해하고 설명해줄 수 있을 것이라 기대한다.

켈빈이 도착하여 짐을 푼다. 첫날 밤 꿈에서 켈빈은 몇 년 전에 자살로 생을 마감한 부인 레아를 만난다. 레아는 아름답지만 불안정하고 내향적인 성격이다. 레아는 켈빈에게 온전히 반응할 수 없었고, 둘 사이에는 갈등이 쌓인다. 어쩌면 그래서 켈빈은 레아의 죽음에 일말의 책임을 느낄 수도 있다. 그래서 켈빈은 그들의 관계에 관한 꿈을 꾼다. 그때 누군가 켈빈을 부드럽게 깨우는데, 레아다. **살아있다**. 그저 환상이 아니고, 육체로 완전히 다시 살아났다. 놀란 켈빈은 레아에게 묻지만, 레아는 자세한 답변은 회피한다. 레아는 말한다. 우리는 함께 있는 거야. 우리는 언제나 함께 있었잖아.

서서히 우리는 이 모든 것에 대한 설명을 듣게 된다. 솔라리스라는 행성은 마치 거대하고 매우 강력한 뇌처럼 작동한다. 솔라리스에는 우리의 꿈과 욕망과 기억을 수집해서 살과 피를 가진 존재로 둔갑시키는 능력이 있다. (아마도 솔라리스는 강력한 할리우드의 드림 머신[역자주: 할리우드 공상과학 영화에 나오는 차량] 자체에 대한 은유일 것이다.) 우주선의 승무원들은 모두 똑같은 상황에 놓여 있다. 모두들 각자의 객실에서 신비롭고 혼란스럽지만 실제인 꿈의 사랑을 만나고 있다. 켈빈은 자신에게 찾아온 새로운 레아와 격렬히 사랑에 빠지고, 자신들의 환상을 파괴하고 이 위험한 행성에서 달아나야 한다고 생각하기 시작하는 사람들에 맞서 레아를 지키기 위해 싸운다.

켈빈은 배워야 할 것이 있고, 심지어 레아도 켈빈이 그걸 배울 수 있도록 돕는다. 레아는 그저 켈빈의 욕망과 기억과 필요가 만들어낸 피조물일 뿐이다. 켈빈이 레아를 전적으로 사랑하는 이유는 레아가 진짜가 **아니라** 레아에 대한 켈빈의 꿈일 뿐이기 때문이다. 진짜 레아에게는 켈빈의 사랑이 도달할 수 없는 모든 것, 그들을 좌절과 갈등으로 이끈 모든 것이 포함되어 있다. 반면 가짜 레아는 너무나 완벽한 나머지 자신이 환상일 뿐이며 따라서 켈빈이 자신을 포기해야 한다고 설명할 정도다.

여기서의 요점은 매우 간결하게 정리될 수 있다. 실제인 타자와의 완벽한 이성 간의 사랑에 대한 우리의 욕구, 서로를 완벽하게 알고 사랑하는 것에 대한 우리의 욕구는 착각이며 모순이다. 만약 우리가 완벽한 사랑을 찾았다고 생각한다면, 그 대상은 실제 사람이 아닌 우리의 꿈일 뿐이다. 이성 간의 실제 사랑은 불완전할 수밖에 없다. 왜냐하면 상대가 말 그대로 다른 사람이기 때문이다. 이를 거칠게 표현하자면, 다른 사람의 다름은 실제로 매우 매력적이고, 그것이 커다란 위로가 된다. 하지만 거기에 완벽함은 없다. 우리는 다른 사람에 대해 완벽히 알 수 없다. 특히 그 다른 사람이 **이성**일 경우 적어도 모든 것을 알 수는 없다.

요약하자면, 절대적인 어떤 것과 완벽한 교감을 가지려는 모든 꿈은 헛된 것이다. 우리는 부차적이고, 불완전하고, 일시적이고, 결코 완전히 이해되거나 통달되지 않는 사물, 사람, 생명 등을 사랑하는 법을 배워야 한다.

종교

10. 해결책: 태양처럼 살아가기

찰스 다윈은 인간의 진화에 대해 생각하게 되면서 우리의 도덕적, 종교적 생각들의 생물학적 기능은 무엇인지를 스스로에게 물었다. 그런 생각들이 어떻게 우리를 살아남게 하는가? 그런 생각들은 왜 그렇게도 끈질기게 유지되고 있는가? 다윈은 쇼펜하우어의 "종교에 관하여"(On Religion)라는 에세이에서 일부 해답을 취하여 이렇게 말한다. "사람들의 신은 전쟁터의 장대에 걸린 왕의 깃발(standard)과 같은 것이다." 그 깃발에는 사람들이 가장 신성시하는 상징이 있다. 이 상징은 사람들 충성심의 최고 핵심을 나타낸다. 이것은 사람들을 단결시키는 것이고, 사람들이 모이는 지점이며, 사람들이 위해서 살고 싸우고 죽는 대상이다. 깃발이 펄럭이는 한, 아직은 다 잃은 것이 아니다.

이 장면은 영어의 'standard'라는 단어가 '깃발'이라는 뜻도 되고 '표준'이라는 뜻도 된다는 것을 잘 보여준다. 'standard'가 우리 바깥에 있는 공적 대상으로서 우리 마음이 끌리고 우리가 충성을 바치는 대상이라는 점에서 그 함의는 실재적이다. 하지만 우리는 이를 비실재적으로 이해해야 한다. 공화국들은 여전히 국기를 가지고 있다. 그런데 왕의 깃발이 군주에게 속하고 군주를 대표하는 반면, 미국의 깃발은 좀 덜 구체적인, 제도와 생각의 문화적 복합체, 즉 공화국, 헌법, 미국의 가치관을 대표한다. 영국의 군인은 여왕을 위해 싸운다. 반면 미국의 군인은 미국의 방식, 미국의 생각을 위해 싸운다.

이 점은 제쳐두더라도, 우리는 종교가 지금까지 우리 자신을 다른 사람들과 연결하고, 또한 우리의 충성을 거대한 중앙의 공적 대상(great central public Object)에게 바치도록 하는 역할을 해왔다는 사실을 알고 있다. 종교적 대상에 대한 개념은 매우 다양하지만, 대개의 경우는 독립되고 신성한 초자연적 세상에 사는 신이 그 대상이다. 그리고 지난 몇 세기 동안 완전히 붕괴된 것도 바로 종교에 대한 이러한 기본 생각이다. 하느님이든 신이든 다른 영이든 저 너머에는 아무것도 없다. 그렇다고 여기에 실체가 있는 영혼(substantial soul)이라든가 핵심 자아(core-self) 같은 것이 있는 것도 아니다. 이미 만들어진, 형태를 갖추고 이미 잘 돌아가는 세상 같은 것은 없다. 우리에게 있는 것은 가공되지 않은 경험의 형태 없는 흐름뿐이다. 이것을 우리가 갑자기 눈을 꽉 감을 때 보게 되는 깜빡거리면서 얼룩덜룩한 시야라고 생각해 보자. 아니면 이것을 백색 소음이나 '존재'(Be-ing)라고 부르자. 우리의 구심성(求心性) 신경조직에서 나오는 이 무의미한 탁탁거리는 소리 또는 지직거리는 소리로부터 우리는 함께 지난 수만 년 동안 우리의 공동 세상(common world)을 구축해올 수 있었다. 우리에게는 외부의 도움이 없었다. 즉 우리는 서로 이야기하면서 모든 것을 이루었다. 이러한 업적이 얼마나 대단한 것인지 알고 싶다면, 우리 신경 체계 속의 미세한 전기적 깜빡거림의 흐름을 우리 공동 세상에서의 삶의 경험으로 전환해주는 소프트웨어를 작성할 능력이 있는지 **스스로에게** 물어보면 된다. 우리는 어떻게 이걸 해낸 걸까? 우리는 어떻게 서로 접촉할 수 있게 된 걸까?

우리가 해낼 수 있었던 것은 첫 번째 신호(단어, 기호)가 움직이기 시작했기 때문이다. 깜빡거림이 처음으로 신호로 읽혀지면서 이 모든 일이 시작되었다. 불꽃이 건너편으로 튀었다. 언어의 흐름에서부터 세상에 대한, 서로에 대한, 그리고 우리 자신에 대한 우리의 모든 생각들이 서서히 드러났다. 우리의 일상 언어는 우리에게 기본 세상, 즉 일상의 바깥 없는 세상을 제공해 주었다. 훨씬 더 단련된 과학의 언어는 면밀하게 정의된 용어와 표준 방식을 통해 세상에 대해 훨씬 더 정교하게 일치된 그림을 제공해 주었다. 그런데 그것은 일정한 한계 안에서였다. 왜냐하면 자연과학의 세계관은 우리가 훨씬 더 효과적으로 행동할 수 있게 해 주고 매우 강력한 기술을 개발할 수 있도록 해 주는 유익이 있었지만, 일상 언어에 비해 훨씬 덜 친근하고 훨씬 덜 인간 중심이 되게 하는 결점도 있다는 것을 얼마 안 가 알게 되었기 때문이다. 과학은 매우 좋은 것이고, 우리는 철저히 과학에 매달려야 하지만, 과학이 우리에게 어떻게 살아야 할지 알려주지는 않으며, 또한 우리에게 살아갈 용기를 준다거나 짧은 우리의 삶을 가치 있게 만들 방법을 발견하도록 돕지는 않는다. 과학은 우리를 세상 속에 두지 않고, 또한 우리가 살아갈 가치관을 주지도 않는다. 과학은 우리를 허무주의로부터 **빼내**주지 않는다.

실제로 우리는 **지금** 허무주의자들이다. 우리는 텅 비고 버려진 채 공허 속에 있다. 우리가 존재하기 이전의 저 너머에는 언어 이전의 백색 소음만 공허하게 쏟아져 나올 뿐, 가능성들만 어지럽게 유출될 뿐 아무것도 없고, 우리 자신과 우리 세상에 관해 변화무쌍한 생각을 제공하는 일상 언어의 끊임없는 움직임만 있다. 그러므로 결국 우리에게 남는 것은 삶의 연속이고, 그 안에서 살아가는 우리 자신의 삶이다. 물론 지난 수천 년 동안 문화는 우리에게 종교적, 윤리적, 정치적 재결집 지점을 다양하게 제시하긴 했지만, 그것들 역시 일시적인 인간의 픽션일 뿐이고, 우리 자신처럼 덧없을 뿐이다. 우리 위에는 하늘만 있을 뿐이고, 하늘은 공허(Void)일 뿐이다. (한

가지가 아닌 여러 가지 의미에서) **그게 다다.**

그렇다면 종교는 어떤 형태여야 할까? 만약 존재하는 것이 신호의 움직임인 삶과 전체 과정 중에서 인식 가능한 한 가닥일 뿐인 나의 삶뿐이라면, 종교의 과제는 마음을 다해 우리 자신을 삶에 헌신할 용기와 힘을 주는 것이다. 우리만이 세상을 창조하였고, 우리만이 그 세상을 구할 수 있다. 태양처럼 사랑하는 삶(solar love of life)을 통해, 우리는 모두를 위해 삶에 의미와 가치를 주입할 수 있다.

이것이 의미하는 것은 이전의 구원 종교들이 하느님이 우리를 위해 한 일에 관해서가 아니라, **우리가** 어떻게 살아야 하는지에 관해서 이야기를 들려주었다는 것이다. 우리가 아는 것처럼, 하느님은 허무(Nihil)와 맞닥뜨리게 되었고, 창조주가 됨으로써 허무를 정복했다. 그리고 하느님은 세상을 사랑함으로써 세상에 가치를 부여했다. 그러니 바로 그것이 인간의 삶이 한편으로는 그 어느 때보다 크고 부요한 시대, 다른 한편으로는 불행, 무의미, 우울 등으로 광범위하게 위협받는 시대에 **우리가** 태양처럼 살아감(solar living)으로써 행해야 하는 것이다.

우울과 좌절로 위협받을 때 사람들은 보통 친한 친구들이나 숙면을 통해 새 힘을 얻으려 한다. 우리가 젊을 때는 이러한 삶의 자연스런 신념에 의존할 수 있다. 하지만 나이가 들면서 이런 방법이 잘 안 먹혀들게 되고, 종교가 필요해진다. 다른 곳(내세)에 있는 다른 삶에 대한 거짓말을 통해 위로를 얻기 위해서가 아니라, 이 삶을 최대한 잘 살기 위한 의지와 용기를 얻기 위해서, 또한 우리의 하나뿐인 삶을 종교적 의미로 밝혀줄 종교적 상상력을 얻기 위해서다. 절망해 있거나 침체되어 있는 다른 사람을 위해서 우리가 할 수 있는 최선은 삶을 향한 전염성 강한 열정을 보여줌으로써 이들을 끌어내는 것이다.

그래서 내가 제안하는 견해에서 보면, 종교의 신성한 세상과 일상생활의 세상이 이제 합쳐져서 바깥 없는 하나의 온전한 전체가 되었다. 그 과정에서 이 세상과 다음 세상 사이의 관문이나 이동 체계가 사라지면서 우리는 중보 종교(mediated religion)에서 직접 종교(immediate religion)로 이동했다. 우리는 이제 성경, 신조, 교리, 교회, 종교 전문가 핵심들 모두, 성례, 공적 예배도 모두 내려놓을 수 있다. 이 모든 강력한 도구들은 종교적 실재를 평신도(laity, 백성을 뜻하는 'laos'에서 온 말)에게 매개하는 용도였는데, 수 세기를 지나며 **그런 것들 자체**(경전과 교회, 사제, 주일 등 거룩함을 중보하는 "은총의 수단들" 자체)가 종교적 숭배의 대상이 되어 버렸고, 낡고 압제적인 것이 되는 바람에, 사람들을 소외 상태에서 치유해야 할 것이 오히려 사람들을 종교적 소외 상태에 가두게 되었다. 조직화된 종교는 여전히 전 세계에 걸쳐 이런 저런 형태로 수많은 사람들을 매우 비참한 정신적 가난과 후진성에 가둬두고 있다. 조직화된 종교에 대해 해줄 수 있는 가장 좋은 말은 종교가 극심한 비참을 견딜 수 있는 영적 위로를 준다는 것이다. 다만 그 극심한 비참이 종교 때문에 생겼다는 것이 함정이다.

태양처럼 살아가는 것이 이 모든 것으로부터 우리를 자유롭게 한다. 이는 우리에게 (왕복이 아니라) 편도만 가능한 선형적 시간(one-way linear time), 삶의 우발성, 죽음 등을 불만 없이 수용하도록 가르친다. 대신, 우리는 우리 자신을 존재의 흐름(the flux of existence)에 아낌없이 내던져야 한다. 우리는 삶에 대한 사랑으로 타오르고, 타오르고, 타올라야 한다. 이 사랑은 가능한 한 모든 곳에서 긍정적이 되기 위해 노력하고, 아무 곳에서도 실망, 후회, 적대감 등으로 변하지 않기 위해 노력하는 것이다.

삶에 대해 이렇게 순전히 긍정적인 태도를 요구하는 이유를 간단히 설명해 보자. 세상을 선과 악으로 나누는 사람들은 사실 자기들의 마음도 그렇게 나누는 것이고, 청교도, 금욕주의자, 도덕 운동가, 비난자, 박해자 등등은 결국 불행한 사람들이 되고, 종교는 없이 완고한 성서 신봉자로 귀결된다.

이 점에 관하여 우리는 20세기에 이르도록 인류는 지구 전체를 탐험하지 못했고, 인간 집단은 모두 스스로를 맹수와 괴물이 들끓는 무서운 영역과 끝없는 어둠으로 둘러싸인 숲 속의 개간지처럼 보는 경향이 강했다는 점을 기억해야 한다. 오늘날까지도 이렇게 말하는 사람들이 많다. "우리는 선한 사람들이고, 우리의 가치를 거부하는 외부 사람들은 악한 권능의 지배 아래 있는 사람들이다. 우리는 우리 자신과 우리의 삶의 방식을 지키기 위해 그들과 맞서 싸워야 한다." 하지만 지구 탐험이 끝나고 지구 전체가 단일한 소통망으로 연결되자 모든 것이 달라졌다. 문화를 어둡고 위협적인 자연 속 광대하고 무한하게 보이는 영역으로 둘러싸인 빛과 문명의 귀중한 섬으로 보는 대신, 우리는 모든 것을 뒤집기 시작했다. 우리가 문화 또는 문명이라고 부르는 인간의 소통은 이제 야생 자연으로 남은 것들 모두를 포함해 모든 것을 둘러싼다. 인간의 대화는 오늘날 다른 모든 것들로 둘러싸인 일차적 실재가 되었다.

이것은 놀라운 전환이다. 먼저는 철학에서 비트겐쉬타인 같은 인물과 함께 일어났고, 이제 우리는 마침내 우리의 종교관에 끼칠 차이를 만들어내기 시작했다.

우리는 태양처럼 살아가는 것이, 또는 그렇게 살려고 노력하는 것이 순전히 긍정적인 것이라고 선언했다. 그것은 순전히 **표현하는** 것이다. 다시 말해, 우리는 마지막 심판에 대비해 우리 영혼을 정결하게 하는 노력을 하는 것이 아니고, 일종의 기념비적인 업적이 되기 위한 통합된 자아로 벼리기 위해 우리의 삶을 사용하는 것도 아니다. 영혼이니 참 자기(Real Self)니하는 것들은 없다. 우리를 구성하는 것들은 그저 깜빡이고, 전환하고, 불분명할 뿐이다. 우리가 우리 자신을 하나로 모아 우리 자신이 되는 유일한 길은 자기표현을 통하는 것이다. 자기표현을 통해 우리는 우리 자신의 이미지를 내보낸다. 즉 보여준다. 그런데 내가 나 자신을 표현하자마자 시간은 지나가고, 표현된 내 자신은 후회 없이 버려져야 한다. 왜냐하면 태양처럼 살아가는 것은 우리 자신의 어떤 버전이든 '집착'하지 말고 언제나 나아갈 것을 요구하기 때문이다. 태양처럼 살아가는 것은 끊임없이 자신을 뒤에 남겨두기 때문에 언제나 죽음으로써 살아간다. 이것이 죽음의 두려움을 극복하는 방법이다. 그러니까 죽음을 우리가 살아가는 방식의 일부로 온전히 수용하는 것이다. 성취한 일에 대한 덧없는 만족감에 과도하게 취하지 말고 앞으로 나아가 다음 순간에 우리 자신을 잠기도록 해야 한다.

11. 해결책: 인도주의적 윤리

사람들은 종종 내가 말하는 태양의 윤리(solar ethics)가 지나치게 개인주의적이라거나 완벽한 윤리가 아니라고 반발한다. 하지만 이는 오해다. 나는 '윤리'라는 말을 스피노자(Spinoza)와 트라헌(Traherne)과 같은 17세기의 방식으로 영성을 뜻하는 것으로, 즉 자신의 삶을 이해하고, 방향을 정하고, 인도하는 방식을 뜻하는 데 사용한다. 사회관계로 나아가기 전에 우리는 먼저 개인의 자아를 정돈할 필요가 있다. 우리는 바깥이 없다는 것, 존재하는 것은 역사 속에서 전개되는 우리 보통 사람들의 생활 세상인 삶과, 그 삶 속에서 내가 맡은 역할인 나의 삶뿐이라는 것을 안다. 그러므로 영성이나 개인 윤리에서 첫 번째 질문은 내 삶에 대한 나의 이해, 내 삶이 속하는 더 큰 생명의 흐름(the greater stream of life)에 나 자신을 연관시키는 방식에 관한 것이다.

나의 삶은 당연하게도 삶의 일반 조건에 종속된다. 삶은 한쪽 방향으로 선형인 시간 속에서 전개되고 어디서나 우발성에 종속된다. 한 가지 중요한 조건은 삶은 어디서나 **교류의 과정**(a process of exchange)이라는 것이다. 교류는 매우 취약한 나의 인간으로서의 존재를 구성하고 유지하는 데에 반드시 필요한 것이다. 아울러 전체 생명의 흐름(the stream of life)은 무한히 나아가겠지만, 나의 생명은 나의 죽음으로 끝난다.

그렇다면 나는 어떻게 나 자신을 내가 속하는 전체 생명의 흐름에 연관 지을 수 있을까? 과거에는 하느님, 인간의 영혼, 영원한 세상 등에 대한 형이상학적 믿음 때문에 사람들이 삶에서 빠져나오고, 아니면 적어도 다양한 유형의 교류를 포기하고 고독으로 물러나 자기 영혼의 영원한 구원에 집중하는 것이 가능했고 좋아 보이기도 했다. 하지만 이제 영원한 도리(eternal order) 같은 것은 없으며, 낡은 형태의 금욕주의는 모두 역사적으로 한물 간 것이 되었다. 이제 유일하게 남은 종교적 삶의 유효한 형태는 태양처럼 살아가는 것이다. 즉 분출하는 생명의 흐름(the outpouring flux of life)에 자신을 무조건적으로 헌신하는 것이며, 끊임없이 자신을 드러냄으로써 삶을 사랑하고 표현하는 삶을 사는 것이다. 그 과정 중에 우리는 또한 종교적이고 통합된 자아를 이루기 위해 노력할 수도 있다. 하지만 이는 우리가 끊임없이 우리 스스로의 자기표현을 뒤에 남겨두고 앞으로 나아갈 때만 가능한 것이다. 이런 방식으로 우리는 회고적 자아실현(retrospective self-realization)을 이룰 수 있을 뿐이다. 즉 우리는 우리 자신의 업적에 매달리지 말고, 앞으로 나아가는 법, '쉽게 가는'(easy, going) 법을 배워야 한다. 그러므로 우리는 우리 영혼을 위해 영생을 얻으려는 낡은 생각을 포기하고 이것이나 저것이나, 이 사람이나 저 사람이나에 대해 좋게 말하는 습관을 들이려는 새로운 생각으로 대체해야 한다.

이런 맥락에서 우리는 내가 능동적 재평가의 윤리(an ethics of active revaluation)라고 부르는 것을 발전시킬 수 있다. 우리가 언어에 주의해서 귀를 기울인다면, 삶에 대한 포괄적인 평가(a comprehensive valuation of life)가 이미 자리잡고 있다는 것과, 사람들이 말하는 거의 모든 것에 의해 이런 저런 면에서 그런 포괄적 평가를 승인하고 있다는 것을 곧 알게 될 것이다. 우리의 언어에는 은연중에 삶에 대한 평가가 많이 들어 있으며, 우리는 서로에게 그런 평가를 촉구한다. 하지만 우리들 중 많은 사람들은 그런 평가를 단순히 승인하는 것에 만족하지 못한다. 즉 우리는 새로운 어구를 도입하려 하고, 어떤 것에 대해 관습적으로 말하던 방식을 바꾸려고 한다. 그 결과로 각 세대마다 이전 세대로부터 물려받은 전체 삶에 대한 평가가 약간씩 달라진다. 그래서 세대에 걸쳐 서서히 모든 것이 변화한다.

이런 까닭에 가치와 도덕적 실재는 오로지 언어 안에서만 발견할 수 있으며, 또한 그것들이 순전히 인간의 역사 속에서 진화한다는 점은 매우 눈에 띄는 점이다. 윤리에서 변하지 않는 것은 없다. 오히려 모든 것이 지속적으로 재조정된다. 삶에 대한 전체적인 평가는 인간에게 사활이 걸린 중대한 문제이며, 우리가 이미 앞에서 우리에게 첫째로 가장 필요한 것은 우리의 삶이 살아갈 가치가 있다고 느끼는 것이라고 주장했기 때문에, 이제 우리는 일반적인 도덕 원리를 다음과 같이 정리할 수 있다. 우리 자신과 일반 대중의 안녕을 위해 우리는 인류 보편의 삶에 대한 평가를 높이는 데 최대한 기여할 수 있도록 말하고 행동해야 하며, 이러한 보편적 삶의 가치는 가능한 한 지고지순하면서도 자체 모순이 없어야 한다. 우리의 취미, 열정, 사랑, 캠페인 등을 통해 우리는 세상 속 우리 영역인 한쪽 구석의 가치를 끌어올릴 무언가를 할 수 있다. 만약 모두가 비슷한 무언가를 행한다면 전반적인 삶은 그만큼 좀 더 가치있게 되는 것이고, 모두에게 살 만하게 되는 것이다. 그러므로 우리가 영성을 다룰 때 삶을 긍정하며 긍정적으로 살아야 할 필요가 있다고 배웠던 것처럼, 이제 그 영성의 원리가 공동의 도덕적 행위에 대한 일반 원리에도 곧바로 적용된다. 우리는 가능한 한 모두를 위해 헐뜯지 말고 칭찬해야 한다. 우리가 더욱 칭찬할수록 우리 모두가 더 귀해지고 더 행복해질 것이기 때문이다.

위의 매우 단순한 주장에 관해, 나는 윤리를 외부의 순전히 객관적인 것에 두지 않고 그저 인간 삶의 본질인 흐르는 듯한 대화의 교류에 두었다. 나는 어떤 것이 시간을 초월한 또는 절대적인 존재라고 주장하지 않으려고 조심하고 있다. 내 생각에 모두를 위한 하나의 표준 도덕법은 존재하지 않는다. 왜냐하면 내 생각에 우리는 세상 속 우리에게 주어진 영역에서 다양한 방식으로 선을 행할 수 있기 때문이다. 이제 이 주장을 좀 더 다루어

보자. 인간은 각자의 모국어를 배우고 특정 언어 집단에 속한다. 각 사람은 삶 속에서 대체로 같은 지분을 가지고 있고, 따라서 각자는 전체 생활 세상을 유지하고 재평가하는 데 맡겨진 역할이 있다. 그러므로 연설가든, 세상을 건설하는 사람이든, 가치를 창출하는 사람이든, 사람은 모두 대체로 같게 취급받아야 한다는 것은 명백하다. 하지만 실제로는 권력의 측면에서 사람은 극도로 불평등하다. 종교, 전통, 그리고 다양한 정치적 경제적 힘들은 많은 사람들을 속박과 빈곤 상태로 몰아넣으며, 사람들은 평생을 그 상태에 갇혀 산다. 하지만 각자가 인생에서 대체로 같은 지분을 가졌고 삶의 가치에 기여할 것이 있기 때문에, 많은 사람들의 비참한 상태는 우리 모두에게 영향을 미친다. 그러니 사람들의 성별, 인종, 피부색 등등과 상관없이 사람들의 운명을 개선하기 위해 뭔가를 시도하는 것이 현명한 것이다.

이런 식으로 우리는 도덕적 의무를 초인간적인 것에 기초하지 않고, 어떤 면에서든 인간을 차별하는 것에 기초하지 않는다. 우리는 도덕적 의무를 성별, 인종, 종교, 도덕적 공적(功績)과 상관없이 그저 가치를 필요로 하는 공통의 인간성에 기초를 둔다. 생명의 전반적인 흐름 안에서 인간들은 서로서로 고도로 얽혀있다. 감정과 가치 판단은 매우 전염성이 강해서 한 사람의 고통은 모두의 하루를 어둡게 만든다.

과거의 모든 도덕 이론이 그 나름의 전통적이고 객관적인 기초를 잃어버린 허무주의의 시대에, 인도주의 윤리(humanitarian ethics)만 거의 홀로 상당히 건전하고 순전하게 남아 있다. 이에 대한 주요한 대안은 니체가 말한 귀족의 삶의 윤리(aristocratic ethics of life)다. 하지만 니체의 휴머니즘이 강하고 아름다운 자를 찬양하는 그리스식 휴머니즘인 반면, 나의 휴머니즘은 언어를 기반으로 하고 기독교와 민주주의를 배경으로 한다.

이렇게 결론지을 수 있겠다. 도덕적 의무를 "성별, 인종, 국적, 종교, 도덕적 공적(功績) 등과 상관없이" 가난한 동료 인간에 의해 우리에게 부여된 요구사항이라고 본다면, 인간의 '동일성'(identity)에 대한 현대의 대중적인 개념은 도덕과 무관한 것으로 보아야 하고 역병처럼 피해야 한다는 것이다. 인도주의 윤리는 익명성을 좋아하고 동일성을 거부한다. 자신의 국가 휘장을 떼어놓고 블루 베레만 쓰고서 UN의 평화유지 업무에 종사하는 군인과 같이, 태양처럼 살아가는 사람은 자신을 특정 국가든 종교든 어떤 집단과도 동일시하는 것을 외면하고 거부해야 한다. 우리의 도덕적 태도와 실천은 "선한 사람들 중 하나," "여성," 또는 특정한 종족 집단이나 종교 집단의 신봉자라는 주장과 관련되어서는 안 된다. 왜냐하면 '동일성' 속으로 물러나는 사람들은 모두 보편적인 도덕(universal morality)을 포기한 것이며, 일종의 당파적 근본주의(partisan fundamentalism)를 끌어안은 것이기 때문이다. 이것은 인류에 대한 편집증이자 혐오를 의미한다.

내가 이 모든 것을 힘주어 말하는 것은 태양의 윤리가 확실히 실재론이 아니기(non-realist) 때문이다. 태양의 윤리는 실재 속에 또는 순수한 합리성 속에 객관적인 기반을 가지고 있지 않고, 반대로 주관적이고 감정을 중요시한다. 하지만 **바로 그 점 때문에 태양의 윤리는 확고하게 보편주의로 남게 되며**, 또한 이 점이 매우 중요하다.

12. 해결책: 예술

자녀들이 세례 받는 것을 소홀히 하고, 어떤 형태든 자녀들에게 전통적인 신앙 교육을 시키는 것을 꺼려하는 부모들은 종종 이런 핑계를 댄다. "우리는 아이가 성인이 되어서 스스로 선택하는 게 좋다고 생각했어요." 내가 젊고 진지한 성직자였을 때는 그런 태도가 너무 게으르다고 생각했다. 나는 사람들이 자기 자녀에게 신앙 교육을 확실하게 시켜야 하고, 우리 전통에 충성해야 한다는 확신이 있었다. 하지만 이제 나는 생각이 달라졌다. 그 부모들은 단지 소홀했던 게 아니었다. 넓게 보면 그들이 옳았다. 세례를 받고 기존의 신조 안으로 들어가는 것, 오래 전에 다른 사람들이 형성한 신앙을 간접적으로 받아들이는 것은 시간 낭비다. 우리가 심각한 어려움에 처하게 되면, 간접적인 신앙은 무용지물이라는 것을 알게 된다. 그런 신앙은 눈 녹듯이 사라진다. 우리에게 남아서 실질적인 도움이 되는 생각, 사상, 확신은 우리가 스스로 형성한 것들이며, 또한 우리의 삶 속에서 다른 사람들과의 대화를 통해 이미 검증된 것들이다. 요컨대, 우리를 구원할 수 있는 유일한 종교는 우리 스스로 만들고 또한 우리 스스로 검증한 종교, 즉 이교(heresy)이다. 이교가 구원에 이르는 길이다. 이교만이 우리 각자가 나중에 필요로 하게 될 불굴의 정신을 줄 수 있다.

이러한 관찰을 통해 우리는 현대에 종교적인 사람은 군인보다는 예술가와 비슷하기를 요구받는다는 생각에 발맞출 수 있다. 군대에 합류하는 군인은 기존의 제도에 맞추어야 하고, 제복을 입어야 하고, 규칙을 지켜야 하고, 가치관을 공유해야 하고, 명령을 따라야 한다. 이런 점에서 기독교 신자는 수세기 동안 "그리스도의 군사"(*miles Christi*)라고 불리었다. 그들은 실재론자였고, 종교 전체를 이미 만들어진 실재로 여기고 거기에 순응했다. 오늘날에는 비판적 사고가 모든 면에서 이미 만들어진 '실재'를 사라지게 만들면서 신자의 상황이 많이 달라졌다. 신자들은 현대 예술가와 비슷해서, 종이 한 장 또는 재료 한 덩이만 앞에 놓고 거기서 뭔가를 만들어 내야 한다. 허무주의 시대에 우리에게 필요한 것은 순종이 아니라 스스로 일종의 거주지를 만들어낼 수 있는 창조적 상상력이다.

이 점을 좀 더 발전시킬 필요가 있겠다. 전통에 근거한 사회에서 사람들은 자신들의 전체 문화와 전체 세상—상호간에 사물을 보는 모든 방식과 일을 행하는 모든 방식—이 신에 의해 제정되고, 신에 의해 공인되고, 지극히 진짜이며, 변하지 않는다는 강한 생각을 서서히 구축했고, 또한 이런 생각에 필사적으로 매달렸다. 성공적인 행동은 개인의 습관이 되고, 그런 다음 많은 사람들이 따르는 관습이 된다. 시간이 흐르면 확립된 전통이 되고, 그 다음에는 신성한 의무가 되고, 마지막으로 거룩하고 시간을 초월해 유효한 신의 법(Divine Law)으로 신성시된다. 이런 과정을 통해 전체 '문화'는 결국 신에 의해 확립된, 거룩하고 변하지 않는 '자연'으로 여겨지게 되었는데, 동방정교회가 그 좋은 예다. 상당히 오랜 기간 동안 이런 식으로 성공적인 문화와 공동의 삶의 방식을 구축하고 정착시키는 방식이 잘 작동했다. 그리고 당연히도 이를 통해 사람들은 실재에 대한 강한 의식을 가지게 되었다.

비록 현대 서양 과학이 비판적이고, 원래는 전통적인 사고에 의해 만들어진 세계관에 대한 불만족에서 발전하게 되었지만, 전통과 과학 사이에는 세계관을 축적하고 집결시키는 방식에서 비슷한 점들이 있다. 군대와 비슷하게 과학에서도 규율과 계급이 중요하다. 과학의 용어와 과학이 작동하는 방식은 고도로 표준화되어 있고, 마치 로마 교황청 심의회가 표준 언어를 정의하고 보호하듯이 전문 학회의 보호를 받는다. 그 결과 많은 과학자들이 실재에 대한 강한 의식을 발전시켰고, 현재의 이론 아래 보게 되는 세상이 확실히 **절대** 세상이라고 생각하는 습관에 빠지게 되었다. 이것이 완전히 정확할 수 없는 것은 (훌륭한 과학자들이라면 다들 알다시피) 이론이란 것이 그저 인간이 구성한 것일 뿐이고, 지금 잘 작동하는 이론이라고 해서 한두 세기 뒤에도 잘 작동하리라는 보장이 없기 때문이다. 그런데 현실에서는 많은 과학자들이 실재론(realism)으로 기운다. 이들은 자신들이 현재 세상을 기술하고 해석하는 공동의 방식이 상당 부분 절대 세상을 정확히 복제한 것이라고 생각하는 경향이 있다. 이들은 '문화'를 '자연'이라고 보는 경향이 있고, 그런 만큼 과학이—철학의 점검을 받지 않는다면—결국엔 정체된 채 신성한 정통주의로 발전할 위험이 있다.

전통적이고 규율을 중시하는 공동의 사고방식은 언제나 '문화'를 '자연'으로 바꾸는 경향이 있지만, 비판적 사고는 반대 방향으로 작동하여 우리가 영원하다고, 객관적 실재라고, 신성하다고 믿었던 것들이 사실은 국지적인 문화의 산물일 뿐이고 우리 지역의 사람들이 사물을 보는 습관을 갖게 된 방식의 영향일 뿐이라는 점을 지속적으로 지적해 준다. 카를 마르크스가 말했던 것처럼, 종교에 대한 비평이 모든 비평의 시작이었다. 미셸 푸코(Michel Foucault)는 마르크스의 생각을 발전시켜, 로마 가톨릭 교회가 '진리 체제'(regime of truth)를 수립하고 유지하는 방식을 철학적으로 분명히 이해할 수 있다면, 우리는 거의 모든 것을 이해하는 법을 배운 것이라고 깔끔하게 설명했다. 그렇게 되면 우리는 서양 사상의 전체 역사에 대한 열쇠를 쥐는 것이며, 자연스레 좌파 니체주의인(left-Nietzschean) 허무주의자가 되는 것이다. 즉 "진리는 없다는 것이 마지막 진리다." 그리고 우리의 모든 진리는 단지 권력의 영향일 뿐이다.

니체의 죽음과 제1차 세계대전 발발 사이의 짧고 눈부신 기간 동안에 쇼펜하우어와 (좀 더 강력한) 니체의 허무주의가 젊은 예술가들 사이에 엄청난 영향을 끼쳤다. 비판적 사고를 통해 모든 것이 사라지게 되면, 바깥 저편에 '실재하는 세상'(Real World)이 없다면, 예술가들은 절대적인 자유를 누리게 되고 따라서 세상을 재창조하는 신성한 의무를 가지게 된다. 이것이 독일의 표현주의인 청기사파(Blaue Reiter) 그림에서 현란한 야수파의 색상, 야생동물과 야생조류, 서커스, 정글, 에덴동산, 벌거벗은 인간의 순수 등을 통해 이 세상의 재창조를 상상하는 전통적인 도상(圖像, iconography)을 많이 볼 수 있는 이유다.

이들의 달콤했던 봄날은 세계대전이 발발하고 이들을 이끌던 예술가들 일부가 갑작스럽게 사망하면서 잔인하게 사라져버렸다. 특히 아우구스트 마케(August Macke)는 여전히 애도되고 있다. 하지만 예술적 상상력을 통해 종교적 순수성을 새롭게 하려는 꿈은 적어도 한 세기 전부터 시작되었고, 윌리엄 블레이크(William Blake)와 쇼어럼(Shoreham) 시대의 새뮤얼 파머(Samuel Palmer)를 거쳐 세관원 앙리 루소(Henri Rousseau)와 템스 강변 쿡햄 출신의 스탠리 스펜서(Stanley Spencer)에 이르기까지의 다양한 흥미로운 소수파 인물들을 통해 이루어졌다. 물론 조직화된 공식 종교는 이 꿈에 대해 듣고 싶어 하지 않았고, 이 꿈과 관련되고 싶어 하지 않았고, 이 꿈이 인기를 얻지 못할 것을 확신했다. 서서히 쇠퇴해가는 낡은 종교는 지금까지 종교적 갱신의 열렬한 반대자임이 드러났고, 또한 종교적 쇠퇴에 따른 심리 상태는 해가 갈수록 악화되었다.

안타깝지만 오늘날에도 여전히 종교를 소중하게 여기는 사람들은 조직화된 종교와 결별하거나 아니면 최소한의 연결만 유지할 필요가 있다. 그 대신 우리는 예술로 눈을 돌려, 종교적 상상력을 사용해서 일상을 풍성하게 만드는 작업을 살펴야만 한다.

13. 해결책: 커밍아웃

태양처럼 살아가는 것은 전통적 영성의 상당 부분의 방향을 뒤집는다.[1]

축의 시대(기원전 약 800-200년)[2]는 사람들이 열정의 폭력성과 잠재적인 유해성에 놀라고, 이 세상에서 안정된 사회 또는 흔들림 없는 개인의 행복을 성취하기 어렵다는 점을 크게 깨달은 시기였다. 종교에 심취한 사람들은 금욕 수행을 통해 열정을 이성의 지배 아래 둠으로써 자아를 통합하려고 애썼고, 하느님 또는 영원한 곳에 대해 묵상함으로써 행복을 찾기 위해 세상으로부터 물러났다. 이런 상황에서의 영성은 보통 **내향적**(introvertive)이었다. 동료들, 변화, 감각 경험 등의 산만함으로부터 물러나 명상에 잠겼고, 텅 빈 경계 상태 또는 '조용한 주의' 상태에서 오랜 시간을 기다렸다. 마침내 가벼운 무아 상태로 들어갈 수 있고, 따뜻한 느낌을 경험할 수 있다. 이러한 온기를 느낀다는 것은 하느님의 감동을 받는 것이다.

실천하기에 따라 이런 유형의 종교 활동은 훌륭한 이완요법이 될 수 있고, 사람의 성품에도 매우 좋을 수 있다. 하지만 심리 상태라는 것이 인지 기능을 통해 나오는 것인데, 그 심리 상태와 관련하여 **인지적** 주장(cognitive claims)을 한다는 것이 가능한지는 의문으로 남아 있다. 신비주의자들은 관상기도의 침묵과 고독 속에서 언어를 뛰어넘어 신과의 말로 표현할 수 없는 교감을 맛본다고 믿는다. 하지만 그런 주장은 아무런 의미가 없다. 왜냐하

---

[1] 이 단락에 나오는 내용은 *Solar Ethics*, 1995에서 처음 언급되었고 이후 약간 발전되었다.

[2] 역자주: Axial Age, 야스퍼스는 이 시기에 새로운 사상과 철학들이 중국, 그리스, 인도, 페르시아에서 동시기에 직접적 문화 교류 없이 발생했다고 주장하며 이 시기로부터 미래의 철학가들과 종교에 영향을 미친 핵심 사상가들과 그들 사이에서 공통적으로 떠오른 특징들을 분류했다. 출처-위키피디아.

면 언어 밖에서는 의미도, 진실도, 실재도, 지식도 없기 때문이다. 언어 밖에 있는 것에 대한 것은 대화든 암시든 이미 모순이다. 왜냐하면 '언어 밖'(outside language)이라는 말 자체도 전적으로 언어 **안**(inside language) 있기 때문이다. 신비주의자들은 그저 자신들의 종교적으로 '과도한 믿음'을 자신들의 따뜻한 느낌에 투사하고 있는 것이다. 즉 그들은 새로운 지식을 전혀 얻지 못한다.

오늘날에는 전통적인 내향적 영성이 널리 무시되고 있는데, 그 주된 이유는 겉모습과 실재(appearance/reality)를 구분하는 것, 그리고 인간 삶의 눈에 보이는 세상과 그 안에 있다고 간주되는 보다 실재하는 영적 세상 사이의 대조가 붕괴되었다는 점 때문이다. 존재하는 것은 인간 삶의 세상, 우리의 언어가 우리에게 주는 세상 하나뿐이다. 우리가 살아가는 이 세상이 우리의 유일한 거주지다. 이 경우 영성은 그 방향을 되돌려 **외향적**(extravertive)이 되어야 한다. 즉, 우리 자신을 되찾으려면, 우리는 표현으로 나아가야 한다. 우리가 우리 자신을 최대한 잘 표현하는 데 성공하는 한, 우리는 우리가 만들어낸 생산물 속에서 우리 자신의 면모를 인식하는 행복을 누릴 수 있다. 우리가 우리의 자기 지식(self-knowledge)이 매우 불완전하다는 것을 안다면, 그리고 우리가 매우 자주 날카롭게 충돌하는 감정과 충동의 피해자라는 것을 안다면, 우리는 우리의 생산물에서 좀 더 통합되고 훨씬 개선된 우리 자신의 이미지를 보며 기뻐할 수 있다. 그러므로 우리는 생산물을 만들어내는 노력이 개인적으로 치료 효과가 있다는 것을 배우게 된다. 하지만 내가 계속 주장해온 것처럼 우리는 이렇게 잠시 만족을 주는 자기 이미지에 매달릴 수 없다. 시간은 앞으로 나아가고, 따라서 우리도 그래야 한다. 따라서 태양의 영성은 평생 동안 끊임없이 계속되어야 하는 자기표현의 작업이며, 그 과정 중에 종종 만나는 보상이나 기쁨의 순간에 매달려서는 안 된다.

이런 까닭에 태양처럼 살아가는 것은 철저히 세상적(worldly)이다. 이것은 끊임없이 자기를 표현하는, 세상을 구축하는 행위이다. 이것은 마치 결코 끝나지 않는 예술이나 글쓰기 같다. 우리는 사랑을 위해, 또한 한 가지 이상의 의미에서 **삶을 위해** 단순히 우리의 일을 계속해 나간다. 우리는 원하는 곳에 결코 이르지 못하며, 보상도 없다. 하지만 화가든 소설가든 누구든 간에 자신이 헌신하는 일에 끝이 없다는 것을 안다. 누구도 그림의 마지막을 칠하지 못할 것이며, 누구도 마지막 시를 쓰지 못할 것이다. 한 사람의 작품의 가치에 대한 최종적인 공식 평가는 없을 것이다. 우주 차원의 기말고사(Final Examination)는 없다. 태양처럼 살아가는 것은 말 그대로 "그 자체가 보상"이며, 우리는 절대적인 '인정'을 요구하지도 말고 기대하지도 말아야 한다. 사람들은 모두 자기 자신에 대해, 그리고 자기가 행한 것의 가치에 대해 대중이 객관적으로 인정하고 기념해 줄 것을 바라는 것 같다. 사람들은 가끔 자기 이름이 우주의 책에 기록되는 것을 상상한다. 하지만 우리가 잠시 멈춰 그런 생각을 하면, 우리는 곧바로 삶의 방식 자체가 우리가 원하는 그런 종류의 외부 확인이나 승인을 얻는 것을 불가능하게 만든다는 것을 깨닫게 된다. 언어는 언제나 살아 있고 변하는 것이며, 우리가 갖고 싶어 하는 안정되고 객관적인 실재와 가치 질서 같은 것을 우리에게 허용하지 않는다. 태양처럼 되는 것은 이러한 상대성(relativity)과 없음(nothingness)의 최종 승리를 우리의 영혼 속에 온전히 새겨 넣은 다음에, 삶을 온전히 긍정하며 우리가 살아있는 한 최대한 창조적으로 사는 것을 뜻한다. 우리 삶의 작업은 생산적인 상징적 표현이라는 점에서, 그리고 외부의 지지 없이 그 자체의 기쁨만을 위해 행해진다는 점에서 예술가의 작업과 비슷한 것이다.

이러한 논의의 결과 우리는 아리스토텔레스까지 거슬러 올라가는, 한 사람이 인간 세상에서 다른 사람과 함께 사는 외부의 사회적 삶(outer social life)과, 하느님에게만 알려진 영혼의 비밀스런 역사인 '내부의', '마음속의', '영적인' 삶(inner, interior, spiritual life) 사이의 전통적 구분을 포기하게 된다. 여러 가지 이유로 나라는 것은 단지 다른 사람과 함께 하는 나 자신의 삶, 끊임없이 신호를 교류하는 삶일 뿐이라고 우리는 주장할 필요가 있다. 언어는(그리고 언어적 의미, 진실 등등은) 모두 사람들을 대상으로 하는 것이고, 나는 우리 공동의 삶에서 내가 연기하는 역할, 즉 등장인물(persona)일 뿐이다. 나는 나의 외부이다. 즉 사람들이 보는 것 모두가 있는 그대로이며, 또한 내 안에 의미심장한 '마음,' 즉 내부의 두 번째 삶 같은 건 없다. '마음'이라는 것은 그저 우리가 '입술을 깨물고'(bite our tongues) 말하려던 것을 참을 때 존재하는 것이다. 생각은 가능한 것이 우리 머릿속에 떠올라 아직 발화가 덜 된 것이다. 생각은 작가들이 종종 '과시용' 초고라고 부르는 거친 초고에 불과한 것, 우리가 할 말을 결정할 때 가지치기해야 하는 거침없이 쏟아져 나오는 의견이다. 내 얘기를 하자면, 나는 나의 '생각'이 나의 글만큼 좋지 않을까봐 두렵다. 우리가 이것을 깨닫는 순간 우리는 순수한 '사고'라는 가상의 내부 세상이 본질적으로 우월하다는 플라톤식 생각이 헛소리라는 (그리고 언제나 헛소리였다는) 것을 알게 된다.

그러니 우리가 말하는 것이 우리다. 우리 스스로의 자기표현이 우리이며, 우리의 종교생활은 우리가 사람들에게 발언하는 외부의 삶과 동일하다. 태양처럼 살아가는 삶을 창의적으로 산다면, 우리는 어느 정도 자신을 되찾는 것을 희망할 수 있다. 오직 앞으로 나아가면서 계속 뒤에 남겨두는 방식으로만 가능하다. 과거에 나는 이것을 회고식 구원(retrosective redemption) 또는 "탈-성인됨"(post-sainthood)이라고 불렀다. 그 말은 성인됨을 실제로 성취하는 것은 불가능한 꿈이며, 또한 우리가 우리 자신의 생산물을 만들어내고 곧바로 뒤에 남겨두는 작업 속에서 때때로 잠깐씩 보게 되는 부분적으로 통합된 자아(the partially-unified selfhood) 그 이상으로는 우리가 뭔가를 성취할 수 없다는 뜻이다.

너무 가혹하고 비관적으로 들리는가? 내가 주장하는 것은 우리의 삶은 언제나 움직이고 있고, 결코 마지막 '영원한 안식'에 이르지 못한다는 것이다. 언제나 진행 중인 작업일 뿐, 결코 완전에 이를 수 없다. 언제나 부차적이고 상대적일 뿐 결코 '최종 상태'에 도달할 수 없다. 나는 이것을 주장하며, 또한 우리가 만약 이 모든 나쁜 소식에도 불구하고 삶의 한계를 온전히 받아들이고 태양처럼 살아가는 법을 배운다면, 덧없음 중에도 종종 영원한 기쁨(eternal joy)을 경험할 것이라고 주장한다. 여기서 또다시 말하지만, 우리는 우리가 부러워하는 예술가들과 같다. 그들이 땅에서 인정과 성공을 누렸기 때문이 아니라, 작업에 대한 그들의 헌신이 **삶 속에서 겪는 모든 일에도 불구하고** 그들의 삶을 완전히 부럽게 만들기 때문이다.

14. 객관적 가치가 없는 윤리

우리의 도덕적 가치는 비록 우리에게는 중요하지만 '자연'에서나 인간 문화 및 인간 언어와 별개인 형이상학적 질서에서는 아무런 기초가 없다.[3] 이것을 말하는 주된 이유는 정통 과학의 방법론이 선택의 여지없이 제일 좋기 때문이다. 즉, 과학적 방법론은 (그리고 그 뒤에 있는 비판적 사고는) 지금까지 인간이 생각해 낸 지식을 얻는 방법 중에서 단연코 가장 좋고 가장 강력한 것이다. 과학의 '결과물'에 대한 평가는 일단 논외로 하고, 지식에 대해서만 보자면 과학에 필적할 만한 것은 없다. 그리고 과학의 눈으로 보자면 세상에 부여된 객관적 목적성 같은 것은 없고, 우주적인 도덕 법칙 같은 것도 없다. 그리고 우리의 가치 판단을 위한 객관적이고 완전히 독립적인 기초나 뒷받침 같은 것도 없다. 정리하자면 우리의 최신 지식을 총동원해 봤을 때, 도덕성과 도덕적 가치는 자연과는 별개로 온전히 문화에 속하는 것이고, 도덕성은 민법과 같은 인간의 제도이다. 도덕성은 문화적이고, 역사 속에서 진화했으며, 여전히 매우 빠르게 진화하고 있다.

늦어도 1960년대에 접어들어, 사람들은 도덕적 가치 평가가 이미 우리가 물려받은 언어와 관용구 속에 얼마나 많이 구축되어 있는지 알게 되었고, 또한 결연한 노력을 통해 우리가 물려받은 가치 평가를 **바꿀** 수 있다는 것도 알게 되었다. 예컨대, 1960년에는 남자들 놀이에 여자가 끼려고 하면 "안 돼. 너는 여자니까!"라고 말하면서, 끼워주지 않는 것이 가능했다. 1960년에는 그런 것을 순진하게 말하는 것이 가능했다. 지금은 안 된다. "여자니까"라는 말에 대한 우리의 이해가 완전히 달라졌고, 그와 함께 다른 많은

---

[3] 이 단락에 나오는 내용은 *The Christian Ethics*, 1988에서 처음 시작되었고 역시 수 년에 걸쳐 약간 발전되었다

것들도 달라졌다.

따라서 윤리에 대한 완전히 새로운 접근이 눈에 띄게 되었고, 이를 다음과 같이 정리할 수 있다.

도덕이 전혀 없는 사회는 없다. 광범위한 사물, 품질, 행동, 성격적 특성 등에 대해 바람직한 것이 무엇인지 등등 사람들이 말하는 방식 속에서 분명하게 들을 수 있는 일반적인 사회적 합의가 항상 존재한다. 사람들은 이것을 사회적 또는 공적 제재(the social or public sanction)라고 부른다. 왜냐하면 우리 모두에게 일반적으로 용납되는 방식으로 행동하고 판단하도록 압력을 넣기 때문이다.

특정 시대의 모든 것에 대한 가치 평가 전체를 그 시대의 "전체 삶에 대한 가치 평가"(overall valuation of life)라고 부를 수 있다. 그 안에는 종종 명백한 불일치, 심지어 심각한 불일치도 포함되고, 우리에게는 어떤 것에 대한 현재의 가치 평가에 불만을 느끼는 다양한 이유가 있을 수 있다. 그럴 경우, 우리는 논쟁이나 운동을 통해, 그것을 말하고 다루는 방식에 변화를 꾀할 수 있다. 그러한 논쟁은 특정 시점에 민법을 개정하게 만드는 효과를 일으키는 논쟁, 또는 특정한 화가나 시인이 저평가되도록 만드는 효과를 일으키는 논쟁과 매우 닮았다. 그 논쟁이 도덕에 관한 것이든, 법 개정에 관한 것이든, 문학적 예술적 가치에 관한 것이든, 그 모든 논쟁에 대해 세 가지 핵심 포인트를 언급할 필요가 있다. 첫째, 그런 세 가지 제도(도덕, 법, 예술) 모두 인간이 만든 것이고 역사 속에서 진화해 왔다. 둘째, 우리는 그 모든 영역 가운데서 우리가 인간 대화의 흐름을 초월하는 '절대적이고' '시간을 초월한' 어떤 것을 다루고 있다고 생각할 필요가 없다. 도덕도 그저 대화일 뿐이고, 법도 그저 대화일 뿐이고, 예술도 그저 대화일 뿐이다. 세 영역 모두에서 의견은 언제나 흐르고 있고, 진리란 현재의 합의일 뿐이다.

셋째, 그렇다고 해서 논쟁이 비이성적이라거나 우리의 의견이 '단지' 덧없는 픽션일 뿐인 것은 아니다. 예술, 도덕, 법 모두 우리 모두에게 명백하게 매우 중요하며, 때때로 우리의 관습적 평가에서 중요한 변화를 위한 논쟁이 매우 강력하여 충분히 이길 만하다는 것도 마찬가지로 명백하다. 예를 들어 최근 몇 세대에 걸쳐 페미니즘이나 환경주의 같은 영역에서 중요한 사회적 가치의 변화를 이끌어낸 강력한 새로운 논쟁을 우리는 보아왔다. 논쟁이 자연에서든 형이상학에서든 순수 이성에서든 그 '기초'에는 별 중요한 영향을 못 미친다는 사실에도 불구하고 말이다.

따라서 도덕에서든 미학에서든 법에서든, 우리는 우리의 주제에 관심을 가지고 그 주제에 관해 실제 변화를 일으키기 위해서 실재론자가 될 필요는 없다. 근본주의자가 될 필요도 없고, 어떤 유형이든 플라톤주의자가 될 필요도 없다. 우리가 자신의 어리석은 편견이 영원한 진리라고 생각해서 다른 사람들 모두가 그 진리에 절대 복종해야 한다고 생각하는 괴팍한 보수주의자가 아니라서 도덕이 변할 수 있다고 믿는다면, 우리는 중대한 도덕적 변화를 이끌어낼 가능성이 크다. 괴팍한 보수주의자들은 언제나 자기들이 도덕적으로 더 높다고 생각하고, 실제로 역사 속에서 높은 위치를 차지했던 적도 있다. 하지만 그들이 점유한 기간은 끔찍하고, 우리 역사주의자들과 상대주의자들이 그들을 몰아낼 수 있었던 것은 매우 다행스런 일이다.

이 지점에서 나는 다름 아닌 데리다(그리고 그 세대의 몇몇 다른 사람들)에게 감히 반기를 든다. 데리다는 이성 자체가 형이상학에서든 윤리에서든 체계적으로 '로고스 중심주의'(logocentrism), '존재신론'(ontotheology), 그리고 일반적으로 실재론(realism)에 경도되어서 반실재론자(antirealist)과 '해체주의자'(deconstructivist)는 언제나 불리한 위치에 있고 결코 깔끔하고 온전한 승리를 얻을 수 없다고 생각하는 경향이 있었다. 아마도 이런 이유로

말년에 데리다는 정의의 문제로 약간 빠져들게 되었다. 하지만 나는 데리다가 틀렸다고 생각한다. 내 생각에 우리 포스트모던주의자들, 상대주의자들, 허무주의자들은 평정심을 유지한 채 승리를 향해 나아가야 한다. 그렇지 않으면 서양은 그 길을 잃게 될 것이다. 그것도 심각하게. 그냥 하는 말이 아니고 **진짜로** 심각하게.

다시 본론으로 돌아가 보자. 어떤 것에 대해 현재 지배적인 대중의 평가를 변화시키기 위해 이성적으로 논쟁하는 것이 가능하고, 그 논쟁에서 이기는 것도 가능하다. 종합하면, 우리는 지금 삶을 사랑하여 태양처럼 살아가는 사람(solar person)은 주변의 모든 것과 모든 사람에 대한 전반적인 가치 평가가 가능한 한 일관되게 높아지도록 애쓰며 살아야 한다는 규칙을 주장하는 것이다. 즉, 우리는 종교가 그동안 관심을 가졌던 분야인 죄, 불결, 악 등등을 찾아내고 그것과 싸우는 일을 완전히 몰아내야 한다. 대신에 항상 긍정적이고 관대하고, 분개하거나 원한을 품거나 용서하지 않거나 하지 않도록 최대한 노력해야 한다.

이러한 방침을 내세우는 데에는 두 가지 주된 이유가 있다. 우리가 삶에 대한 전반적인 가치 평가를 최대한 높이려 애쓸 때, 우리는 다음 세대에게 가능한 한 좋은 세상, 행복한 세상을 넘겨주기 위해 애쓰는 것이다. 그것이 우리가 후대에게 해줄 수 있는 유일한 최선이다. 그리고 가능한 한 일관되게 긍정적이고자 애쓰는 두 번째 이유는 과거에 종교가 죄를 찾아내어 정죄하고, 모든 유형의 죄인을 처벌했던 내용이 너무나 부끄럽게도 나빴기 때문이다. 그런 사고방식을 완전히 제거하지 않는 한 그런 종교는 살아남아서는 안 된다. '부정적 감정'은 그 감정을 탐닉하는 사람의 영혼을 해친다.

물론 내가 사회에 커다란 위협이 되는 범죄를 찾아내고 처벌하는 것까지 반대하는 것은 아니다. 어떤 것이 그런 범죄인지, 또 그런 범죄를 어떻게 다뤄야 할지는 자유 민주 사회의 일반 기관과 절차에 맡겨야 한다. 이에 대한 처벌은 부족함이 없어야 한다. 다만 내가 지금 하는 말은 사회의 처벌 위에 종교의 처벌까지 보탤 필요는 없다는 것이다.

왜 옛 종교들은 이제 죽었는가

15. 종교적 신앙 체계와 정치적 이데올로기

　1771년에 리처드 아크라이트(Richard Arkwright)는 잉글랜드 더비셔 크롬포드에 최초의 성공적인 대량 생산 공장인 수력으로 움직이는 방적공장을 설립했다. 그 이후, 공장에서 옷감을 짜기 시작하면서, 공장 건물을 튼튼하고 불에 안 타는 철재 중심으로 짓기 시작하면서, 원료를 실어오고 제품을 실어가기 위해 처음엔 운하가, 나중엔 철로가 놓이면서 기술 발전이 빠르게 이루어졌다. 하지만 초창기부터 경쟁자들은 아크라이트네 공장의 엄청난 경제적 잠재력을 알고 있었다. 공장에서 생산을 시작하고 겨우 2년 뒤에 호기심 많은 독일인이 살펴보기 위해 찾아왔고, 1770년대가 끝나기 전에 독일에 복제한 공장이 지어지고 실제 생산을 시작했다. 아크라이트는 특허법과 다양한 안전장치를 사용해 자신의 아이디어를 보호하려 했지만 헛수고였다. 첫 번째 산업혁명은 얼마 안 가 멈출 수 없는 사회적 경제적 힘이 되었다.

　두 번째 산업혁명은 1960년대에 미국과 소련 사이의 '우주 경쟁'으로 시작되었다고 볼 수 있을 것이다. 이 시기는 컴퓨터 발전의 가속화와 지구 주위를 띠처럼 두른 크고 강력한 통신위성 설치로 특징지을 수 있다. 매우 빠르고, 매우 값싸고, 매우 고용량인 데이터 저장 및 검색 수단, 통신 수단 등이 전 세계 거의 모든 사람에게 이용 가능해졌다. 1990년대부터 어디서든 사람들은 열정적으로 새로운 기술을 받아들였다. 새로운 기술 덕에 세상은 단일한 경제권이 되었고, 인간의 경우 단일한 소통권이 되었고, 어디에서든 영어가 지배하게 되었다. 인터넷 역시 민주화 과정에서 강력한 영향력을 행사했는데, 왜냐하면 수많은 사람들에게 사업을 시작하거나 자신의 생각을 공표할 수 있는 값싸고 쉬운 방법을 제공했기 때문이다.

첫 번째 산업혁명은 빠르게 퍼져나갔고, 곧바로 매우 커다란 사회정치적 영향을 끼쳤다. 그런데 두 번째 혁명은 훨씬 더 빠르게 퍼져나갔고, 그것이 문화에 끼친 영향을 우리는 아직 확실히 모른다. 첫 번째 산업혁명은 흔히들 강력한 세속화 효과가 있었다고 본다. 특히 산업혁명을 통해 생겨난 새로운 노동자 계급에게 그러했다. 따라서 문화의 세계화가 극도로 치달으며 지역적인 민족적 종교적 전통을 사라지게 만드는 것을 볼 때 두 번째 산업혁명의 세속화 효과는 훨씬 더 클 것으로 예상할 수 있다. 정말로 새로운 기술은 이미 이 책이 기술하는 새로운 세계관과 삶의 철학을 만들어내고 있지 않은가?

그런 것 같다. 어쩌면 우리는 매우 빠른 '탈전통화'(detraditionalization)와 세계화를 전 세계에 걸쳐, 특히 젊은이들 사이에서 보게 될 것 같다. 하지만 이런 일이 아무런 저항 없이 일어나지는 않는다. 이미 세계 곳곳에서 동화로 인한 붕괴의 위험에 저항하는, 자기들만의 민족적, 문화적, 종교적, 언어적 '동일성'을 확인하고 지키기 위한 공동체들 간의 다툼이 일어나면서 이런 저런 형태의 '동일성 정치'(identity-politics)가 나타나고 있다. 그리고 우리가 이미 보았듯이, 자신들의 역사적 '동일성'을 보존하기 위한 사람들의 노력의 중심에 전통 종교의 신앙을 호출하게 되면 이 신앙은 정치적 이데올로기의 역할을 맡게 된다.

전통 종교의 신앙이 오랜 기간 연관된 지역적 문화적 전통을 위한 복무로 징집될 경우 이 신앙은 일종의 정치적 이데올로기로 여겨지게 되고, 종교적 신앙은 '우리들'에게 정치적 충성을 나타내는 의무의 문제가 된다. 종교적 신앙에 이성적 동의가 필요한지, 나아가 변증이 필요한지에 관한 논의는 의미가 없다. 아무도 그런 이야기를 듣고 싶어 하지 않는다. 우리 민족의 역사적 동일성의 구성 요소로 여겨지는 종교를 가장 뚜렷한 형태로 비이성적으로 충성을 다해 고수해야 한다. 이것이 근본주의이다. 종교를 극단적인 민족주의 같은 것으로 변화시켜서 이를 고수하는데, 정말로 그것이 진리라고 생각하기 때문이 아니라 정치적으로 필요하기 때문이다. 별로 중요하지도 않은 주변적 요소로 선을 긋는다. 슬프게도 지난 이삼 세기 동안 주요 종교 전통들 모두가 지적 지위와 신뢰도 측면에서 가파른 하락세를 경험하면서, 근본주의가 점점 더 이들 낡은 종교의 유일한 그럴 듯한 미래로 떠오르고 있다. 결국 위대한 낡은 종교들 가운데서는 최고 수준의 논리적 변증이 이제는 나오지 않고 있고, 앞으로도 그럴 것이다. 이들 종교는 위대한 새로운 예술에 영감을 주는 것도 불가능하다. 이들에게 '유물'이 되는 것이나 근본주의가 되는 것 **말고** 다른 가능성이 있을까? 이미 유대교인, 기독교인, 이슬람교인, 힌두교인 안에서는 훌륭하고 진지하게 종교적이고 비교적 논리적인 실천은 그 밝기나 소리의 세기에서 소란스러운 극단주의자들에게 밀리고 있다. 극단주의자들이 낡은 종교의 가치를 너무나 왜곡한 나머지 이들이 실제로는 전혀 **종교적이지** 않다는 말까지 나올 정도다. 우리가 사는 시대는 이미 너무나 세속화된 나머지, 낡은 신조를 정치적 생존과 독립을 위한 정치적 갈등의 이데올로기로 읽지 **않는다면**, 그 신조들을 거의 이해하기 힘든 시대가 아닐까? 놀랍게도 대부분의 사람들에게는 그저 약해빠진 좋은 소리만 하는 순수하게 전통적인 '온건파'보다는 '극단주의자들'이 더 이치에 맞아 보인다.

단기적으로 극단주의자들 또는 근본주의자들이 우세할 거라는 결론을 피하기는 어렵다. 기존 종교의 유산을 자기들 목적에 맞게 전용함으로써 근본주의자들은 결국 기존 종교를 파괴하게 될 것이다. 그런데 그렇게 행하는 동안 이들은 자신들도 파괴하게 될 것이다. 왜냐하면 이들이 입는 훔친 옷으로는 전혀 신용이나 신뢰를 얻을 수 없기 때문이다. 그렇다면 장기적으로는 세계화에 역행하는 모든 지역주의식 반응은 사그라질 것이고, 우리가 이 책에서 기술하고 있는 종교관과 삶의 철학이 널리 퍼질 것이다. 사실 이미 그렇게 되어가고 있다.

이 논의에서 두 가지를 좀 더 짚어볼 필요가 있다. 첫째, 정치적 이데올로기로 바뀌는 것이 낡은 종교에 왜 그렇게 치명적일까? 문제는 근대 국민국가에서 정치가의 최우선 의무는 국가를 강하게 하는 것이고 국가의 생존, 독립, 장기적인 번영 등을 보장하는 것이다. 국가는 철저하게 논리적인 이기주의자여야 하는 것으로 보이는 반면, 종교적인 사람에게는 자신의 삶보다 더 중요한 것이 항상 있다. 종교적인 사람은 대의를 위해 자신의 삶을 헌신하거나 다른 사람을 위해 자신을 내어줄 수도 있다. 반면에 정치가가 **국가를** 자기희생의 길로 내몬다는 것은 상상할 수 없는 일이다.

그래서 최근의 분쟁 가운데 이스라엘 국가를 옹호하는 사람들은 전에도 종종 그랬던 것처럼, 이스라엘은 한 번만 질 수 있을 뿐이라고 주장했다. 매번 전쟁 때마다 이스라엘 국가의 생존 자체가 위협받았다. 그 말은 이스라엘이 전쟁에 이기기 위해 필요한 모든 수단에 호소하는 것이 도덕적으로 정당화되었다는 뜻이다. 그러니 이스라엘이 공식적으로 전쟁 관계도 아닌 레바논의 민간인 지역을 폭격하는 것, 그 결과로 수많은 무고한 여성과 아이들을 살해하는 것도 정당화되었다. 하지만 똑같은 도덕적 질문을 유대인이든 아니든 **개인**에게 묻는다고 생각해 보자. "당신의 피부를 보호하는 것이 수많은 여성과 아이들을 죽여도 될 정도로 중요한 일입니까?" 당연히 말이 안 된다. **개인** 차원에서는 아무도 이런 말도 안 되는 제안을 떠올리지 못할 것이다. 그러므로 종교가 스스로의 생존을 위해 투쟁하면서 메시아적 정치 이데올로기(a messianic political ideology)로 해석되는 것을 허용할 때는 그 종교가 가진 최고의 전통적 가치들이 끔찍한 이기적 충동에 의해 즉시 사라져 버린다는 것은 의심의 여지가 없다.

두 번째 질문은 종교를 정치 이데올로기로 사용하는 것이 얼마나 오래된 것인가 하는 질문이다. 6천 년 전 처음으로 도시국가가 생겨난 이후 종교 제도가 중요한 정치적 기능을 많이 가졌다는 점은 충분히 주장할 수 있다. 종교는 종종 다소 어수선한 방식으로 정치권력을 인가하고, 시간과 공간을 정해주고, 사회적 충성심의 초점과 사회 통제의 도구로 기능한다. 종교는 우리에게 누가 우리의 신인지, 누가 진정한 왕인지, 우리가 누구에게 순종해야 하고 누구와 싸워야 하는지, 우리의 가치가 무엇인지 알려준다. 사실 종교는 거의 모든 면에서 '이상적 문화'의 최초의 모판이다. 종교가 우리의 기술과 여가활동에 대해서는 모든 것을 창안하고 규정하지 않을 수도 있지만, 다른 것들은 거의 모두 그렇게 했거나 그렇게 하고 있다.

이것은 충분히 사실이다. 그런데 우리는 지금 광범위한 문화적 세계화 시대에 살고 있다. 반면에 종교는 주로 수구적이며 지역주의적(reactionary localist) 목적에 사용되고 있다. 종교는 끊임없이 우리를 낡은 '동일성'으로, 낡은 형태의 억압과 낡은 적대감으로 돌려놓으려고 분투 중이다. 그런 이유로 낡은 종교는 점점 더 미래의 인간 복지에 위협으로 여겨진다.[1] 이 책에

---

[1] 샘 해리스(Sam Harris)의 *The End of Faith*가 최근에 성공했다는 것은 수많은 세속적 자유주의자들이 종교에 대해 너무 오래 참아왔다고 느끼고 있음을 보여준다.

서 나는 편을 갈라 대립하거나 갈등하지 **않고**, 우리를 일반적인 삶, 특별히 사회 속의 삶에 적합하도록 해주는 비정치적이고 온전히 세계화된 형태의 새로운 종교 형태(an emergent non-political and fully-globalized form)를 기술하려고 노력하고 있다. 중보자 없이 삶에 헌신하는 종교는 의사(擬似) 종교(para-religion)와 다를 바 없다고 생각할 수도 있다. 하지만 과거의 종교들은 이미 죽었고, 그런 종교들을 대체한 정치화된 불쾌한 근본주의들은 오래 갈 수 없다. 결국 삶의 종교가 유일하게 남는 신앙이 될 것이다.

16. 빛의 영역, 둘러싼 어둠

　한밤중에 성벽을 밝게 비춘 도시와 그 주변으로 멀리까지 어둠에 둘러싸인 광경을 상상해 보라. 또는 시대를 더 거슬러 올라가, 숲 속 개간지의 커다란 모닥불 주위에 많은 무리가 둥글게 둘러싸고 있는 광경을 상상해 보라. 그들은 서로를 바라보며 노래하고 이야기한다. 그들은 가운데 있는 불에 의지하여 자신들을 둘러싼 어둠 속에서 배회하고 있을지도 모를 뭔가를 뒤로 밀어내고 가까이 오지 못하게 막고 있는 것이다. 갑자기 뭔가가 공격한다면, 그들은 재빨리 불붙은 나무를 집어 들고 돌아서서 적을 물리칠 것이다.
　이러한 고대의 강렬한 이미지 속에서 관심의 초점인 가운데의 불은 신이고, 신이 창조한 밝은 영역은 문화 또는 '도성'(the City)이다. 주위를 둘러싼 무서운 어둠은 야생, 즉 야생의 자연이다. 이 그림이 뜻하는 것은 길들여지고 익숙해진 인간 친화적 영역은 종교가 우리를 위해 마련한 집단 거주지라는 것이다. 먼저 신이 자신의 자리를 잡고 자신의 '거룩한 집'을 세운다. 그런 다음 그 지점으로부터 혼돈과 오랜 밤을 몰아내고, 질서정연하고 잘 밝혀진, 우리가 거주하기에 안전한 영역을 마련한다. 우리의 도성은 신의 집 주위에 발달한다. 신은 창시자이자 진정한 왕이다. 하지만 시간이 흐르면서 신은 점점 더 조용히 살고 싶어 했고, 왕이 수행해야 할 일상의 일을 처음에는 사제단(이런 통치 형태를 위계질서[hierarchy]라고 부르고, 이는 사제를 뜻하는 '히에레우스'[*hiereus*]에서 왔다.)에게 위임했고, 그런 다음 반신반인에게, 마지막으로 온전히 인간인 존재에게 넘겼다. 그 후 성전과 왕실, 즉 제단과 왕좌가 도성의 한가운데 중앙 광장에 나란히 자리 잡게 되었고, 거기로부터 빛과 명령이 밖으로 퍼져나갔다.

하지만 여전히 둘러싼 어둠인 '혼돈과 오랜 밤'은 남아 있다. 이는 문화보다 크고, 문화보다 더 오래되었다. 중앙에 있는 사람들이 자기들만 빛 가운데 있고 세상의 나머지는 모두 어두운 혼돈 속에 있고, 대개 악마의 지배 아래 있다고 생각한다는 점은 매우 주목할 만하다. **우리가** 의지해 살아가는 빛이 유일한 참 빛이고, 우리의 법으로 살아낸 삶 말고 인간에게 훌륭한 삶은 없다는 것은 우리들만 이해한다.

명확한 비전과 도덕성은 정의상 같은 종교를 가진 같은 민족 가운데에서만 발견할 수 있다는 확신이 특이하게도 오늘날까지, 특히 복음주의 기독교인들과 무슬림들 사이에서 강하게 유지되고 있다. 많은 무슬림들, 특히 핵심 지역의 무슬림들은 자기들이 '서양'이라고 부르는 곳을 심각한 혼돈과 어둠의 장소라고 **진짜로** 여기고 있다. 오직 자신들만이 빛 가운데 있다. 우리 서양인들은 눈이 멀어 더듬고 있는 잃어버린 영혼들이다. 이러한 견해는 수천 년에 걸쳐 사람들이 서서히 다른 종교의 존재를 인식하게 되면서, 어둠 속에 다른 개간지가 있다는 것을 알게 되면서, 다른 신들이 있다는 것을 알게 되면서 무너지게 될 뿐이다.

비판적 사고가 발전한 것만으로 세상이 다른 사람들에게 어떻게 보일지 알아보기 위해 자신의 전통 밖으로 한 걸음 내디딜 가능성이 커지면서 다른 종교의 실재를 알게 될 수도 있다.

아니면 어두운 숲 속에 불 밝혀진 개간지의 이미지를 통해 여러 세대가 지나면서 서로 다른 개간지들이 커지고 커지다 결국 만나게 되고 마침내 인간화된 문화 영역이 야생보다 더 커지게 될 가능성을 보게 될 수도 있다. 네덜란드와 마찬가지로 영국은 땅 전체가 인간의 손이 닿은 문화적인 곳이다. 더 이상 온전히 야생인 곳은 남아있지 않다. 실제로 몇 세기 전부터 그랬다. 그리고 20세기 들어 지구상 어디에도 완전히 야생인 곳은 거의 남아

있지 않다고 생각하는 것이 가능해졌다.

그리고 20세기 말인 지금 더더욱 중요한 것은 과학 교육을 제대로 받고 사회적 경제적 역사 지식을 가진 사람이라면 우리가 도시에서든 시골에서든 눈에 들어오는 모든 것을 인간의 이론으로 읽고 이해하는 법을 배웠다는 것을 알게 되었다는 것이다. 세상 전체가 '문화'가 되었고, 인간의 이론에 의해 밝혀졌으며, 인간의 언어로 뒤덮였고, 인간의 전유물이 되었다. 문화는 어디에나 있고, 이제는 우리 인간이 진정한 창조주라고 생각하기 시작하면서 문화가 '자연'을 둘러싸게 되었다. 우리의 설명과 우리의 이론이 모든 세상을 질서 있고, 이해할 수 있고, 환하게 불 밝혀진 것으로 만들었다. 우리는 더 이상 오래된 야생 숲을 두려워하지 않고, 숲에서 살아남은 일부를 보존하기 위해 싸운다. 우리는 이제 숲이 우리를 위협하기보다 **우리가 숲을** 더 많이 위협한다는 것을 알기에 숲을 돌볼 책임을 느낀다.

이러한 새로운 상황에서 수많은 사람들이 여전히 과거의 배타적인 하나의 신—하나의 진리—하나의 거룩한 법 아래의 인간이라는 그림을 상정하고 이를 기반으로 살아가려 한다는 것이 얼마나 괴상한 것인지 우리는 알 수 있다. 무슬림들, 복음주의자들, 그리고 좀 더 보수적인 로마 가톨릭 교인들 모두가 자신들 주변을 둘러싸고 있지만 자신들 사고의 영역 바깥에 있는 현대 서양 문화와 영원히 대립하고 있다는 점은 전혀 놀랍지 않다. 이들은 모두 자기들의 '권위' 아래 있지 않은 사람들을 어둠에, 도덕적 방종에, 영적 혼돈에 있다고 본다. 그래서 이들은 언제나 분노에 차 있고, 주변의 세상 문화를 언제나 혐오한다. 이들은 세상 문화로부터 수많은 유익을 얻으면서도 그런 세상을 어둡고 괴물이 가득한 곳으로 여긴다. 가장 격렬하게 반서양적인 무슬림들도 일상에서 서양의 전기를 사용하며, 전기 없이는 살아가지 못한다.

따라서 우리가 속한 시대와의 불행한 관계에서 벗어나려면 우리는 낡은 유형의 종교에서 벗어나야 하고, 새롭고 훨씬 탁월한 삶의 종교(religion of life)로 들어가야 한다.

17. 우리는 선한 사람들, 나머지는 악한 사람들

사람들은 한쪽 편을 들기를 좋아한다. 그래서 선과 악, 착한 사람과 나쁜 사람 사이의 상징적 대결은 종교의 신화에서, 장르 오락물에서, 어린이를 위한 영웅 이야기에서, 정치적 수사에서 많이 볼 수 있다.

이 모든 재료들은 어디에서 오는 것일까? 세 가지 이야기를 주로 꼽는다. '종교들의 역사 이야기'(The history-of-religions story)는 보통 페르시아의 예언자인 자라투스트라(Zarathushtra, 기원전 500년경)의 이원론적 신화(the dualistic mythology)로 시작한다. 자라투스트라와 그 가르침에 관해 우리가 접할 수 있는 자료들은 잘 알려진 학술적 문제들이 매우 많지만, 우리가 보통 듣는 것은 자라투스트라는 영원한 선한 영인 아후라 마즈다(Ahura Mazda)와 아울러 함께 짝을 이루는, 마찬가지로 창조되지 않은 악한 영인 앙그라 마이뉴(Angra Mainya)도 있다고 가르쳤다는 것이다. 이들 둘은 영원히 갈등하도록 운명지어졌고, 그 갈등이 인간 역사의 지금 단계까지 이어지고 있으며, 조만간 마지막 전투 때 최고조에 달할 것이고, 결국 선한 백성이 이길 것이다. 그들은 그 이후 새롭게 완전해진 땅에서 영원히 살 것이다. 이런 생각들이 처음엔 유대교의, 그 다음엔 자연스레 기독교, 특히 서방교회의 묵시론적(apocalyptic) 사고에 깊은 영향을 끼쳤다. 서방 신학의 작품 중 매우 영향력 있는 두 작품인 히포 출신 아우구스티누스의 ≪하느님의 도성≫(*The City of God*, 기원후 400년경)과 존 칼빈의 ≪기독교 강요≫ (*Institutes of the Christian Religion*, 1536년, 그리고 후속판) 모두 기독교 교리를 구원의 역사라는 거대한 이야기로 설명하면서, 모든 이야기가 하느님의 오른편에 있는 것들과 하느님이 자신의 왼편에 둔 것들 사이의 지속되는 갈등이라고 말한다. 하느님의 선택과 유기, 하느님의 도성과 인간의 도성, 영원한 구원과 영원한 형벌이 그것이다. 오늘날에도 우리는 공화당 출신 대통령이 연설할 때 시민들을 '선한 사람들'(the good people)이라고 칭하면서 해외의 '악한 제국'(evil empire) 백성들과 맞서는 것으로 묘사하는 것을 보며, 미국 개신교의 배경이 칼빈주의라는 것을 확인하게 된다. 정치인은 기품 있고 열심히 일하는 대다수 미국 가정들은 '선한 사람들'이고, 외국에 있는 적수들은 악하다고 가정해도 무방하며, 청중들도 늘 그렇게 알고 있다. 이러한 대통령의 언어는 유권자 다수를 따로 떼어 그들을 결속시키고 묵시론적 언어를 모방하여 자신의 지도 아래 그들이 적들을 압도하게 될 운명이라는 도덕적 확신을 갖도록 한다. 대통령은 2500년이나 되었지만 여전히 작동하는 이야기를 끄집어내고 있는 것이다. 그 이야기가 작동하는 한 정치인들은 계속해서 그 이야기를 사용할 것이다.

이원론적 사고(dualistic thinking)의 기원에 관한 두 번째 이야기는 인간의 사고가 어디서든 '이항 대립'(binary contrasts)이라는 관점에서 세상을 구축하고 체계화한다고 제안한다. 어떤 단어든 그 반대말을 규칙적으로 반복해 주면 그 의미가 더욱 명확해진다. 위-아래, 왼쪽-오른쪽, 남성-여성, 빛-어둠, 같음-다름, 긍정적-부정적 등등처럼 말이다. 얼마나 많은 단어들이 이런 식으로 짝지어지는지 알면 놀랄 수밖에 없다. 모든 것이 정말로 '반대편'을 **필요로 하고**, '반대편'이 있어야 한다고 암시하는 말을 사람들에게서 듣게 되는 것도 역시 놀랍다. 그러니 종교적인 논쟁에서 우리는 종종 사람들이 악한 영에 대한 믿음을 옹호하면서 이렇게 말하는 것을 듣게 된다. "인간의 삶에 선을 위한 힘이 작동하고 있다면, 당연히 악을 위한 힘도 있어야 하지 않을까?" 거꾸로 말해서, 복음주의자들은 **악한** 초자연적 존재와 힘이 작동한다는 (아니면 적어도 사람들이 그 존재를 믿는다는) 증거를 두 손 들어 환영할 것이다. 왜냐하면 그것이 **선한** 초자연적 질서에 대한 자신들의

믿음을 더욱 그럴 듯하게 만드는 데 도움이 될 것이기 때문이다. 비로 이런 이유로 20년쯤 전에 일부 복음주의의 영향을 받은 전문가들이 '사탄적인 아동 학대'에 대한 믿음을 퍼뜨리는 데 기여했던 것이고, 물론 그 결과는 좋지 않았다. 그 사람들이 볼 때 사탄이 작동한다는 것이 널리 받아들여지는 문화적 기후는 하느님의 은혜도 **역시** 작동하는 것으로 쉽게 받아들여질 수 있는 기후인 것이다.

우리가 여기서 말하고 있는 이항적 사고 유형은 반대편—상대방, 대응물—을 거울 속 이미지 또는 반전된 복제물로 구축하고 싶어하는 것으로 보인다. 중세 초기 이슬람이 처음 프랑스를 위협했을 때, 기독교인들은 무슬림들이 믿는 것에 대해 그저 모호하게만 알고 있을 뿐이었다. 따라서 기독교인들은 만약 무슬림들이 기독교의 적이라면, 무슬림들은 분명 기독교인들의 악마적 삼위일체인 "머하운드(Mahound, 중세 기독교인들이 마호메트를 비하하여 부른 이름), 터머건트(Termagant, 중세기 도덕극에 자주 나오는 폭력적인 신), 아폴리온(Apollyon, 계시록 9장 11절에 나오는 아볼루온)"을 숭배할 것이라고 생각했다. 믿기 힘든 얘기지만 오늘날에도 마찬가지로 사람들에게 잘 알려지지 않은 종교에 대해 황당한 환상들이 횡행할 수 있다. 서구 언론은 현재의 달라이 라마에게 호의적이다. 하지만 불교에 대해 아는 것이 거의 없기 때문에 종종 달라이 라마의 종교가 가톨릭 신앙의 동쪽 반대편이라고 여기기도 하고, 달라이 라마를 그리스도와 교황을 합쳐놓은 "신-왕"(god-king)이라 부르기도 한다.

최소한 종교의 경우 이항적인 사고는 분명 우리를 매우 이상한 오해로 이끌 수 있다. 그런데 놀랍게도 현대 물리학에서 이런 사고방식이 여전히 흔하다. 소립자들과 다른 가정들을 이항적으로 마주보는 쌍으로(in binary opposed pairs) 정리하려는 두드러진 경향이 남아있는 것이다.

이원론적 사고가 역사적으로 홍행한 세 번째 자리는 **윤리**이고, 이는 여전히 유행하는 "아이들에게 옳고 그름의 차이를 가르치자"라는 문구에 잘 나타나 있다. 여기서의 아이디어는 평범하고 건강한 인간이라면 누구나 도덕적으로 깨어 있어야 하고 또한 도덕적으로 **적극적**(active)이어야 한다는 것이다. 다시 말해, 우리가 삶 속의 모든 것을 있는 그대로 너그럽게 받아들이기만 하지 말고, 적극적으로 악한 것으로부터 선한 것을 분별하고, 식별하고, 걸러내고, 분리해야 하고, 언제나 선한 것을 선택하고 고수하면서 모든 악한 것들을 거절해야 한다는 것이다. 모든 것은 커다란 두 진영의 이쪽 또는 저쪽으로 분류되어야 한다. '선한 사람들' 중의 하나인 진정 도덕적인 사람은 언제 어디서나 승인이나 거부를, 칭찬이나 비난을, 사랑이나 증오를 베푸는 **적극적으로 도덕적인** 사람이다. 하느님이 이런 분이다. 하느님은 재판관이고, 비평가(critic, 판단을 뜻하는 그리스어 *krisis*에서 온 말)다. 하느님은 분리하는 분이다. 하느님은 어디에 선을 그어야 할지 안다. 우리는 '회색 지대'에 관한 온갖 지껄임에 넘어가서는 안 된다. 세상은 선과 악으로 분명하게 구분되어야 하고, 도덕적인 문제에 나서는 것은 우리의 의무다.

이런 종류의 생각을 요즘엔 흔히 '퓨리턴'(puritan)이라고 부르며, 사람들은 특히 극도로 보수적인 이슬람과 칼빈주의의 영향을 받은 개신교의 다양한 갈래들과 이 생각을 연결시킨다. (그리고 그게 맞는 것 같다.) 신학의 경우 이러한 생각은 아마도 순수하고 섞이지 않은 완벽함인 창조주와, 복잡하고 섞여 있고 종종 손상되기도 한 피조세계 사이의 불편한 대면(awkward confrontation)에 기초한 것 같다. 당연히 하느님은 악을 극복하고, 자신의 나라를 회복하고 완전하게 하는 일에 적극적으로 임해야 한다. 그렇다면 하느님의 백성들은 공공도덕에 대한 위협을 찾아내어 비난하고, 다른 사람들의 죄를 두려움 없이 비판하면서 적극적으로 나서서 도덕적 입장을 밝히는 임무를 가지게 되는 것일까?

이 점과 관련하여 기독교 안에는 교회를 죄인들의 학교(a school for sinners)로 보고 인간의 약함과 다양성에 대해 관용하는 입장과 교회를 온전히 변화되어 의로운 성자들의 모임(a society of saints)으로 보는 입장 사이에 오랜 논쟁이 있다. 대강 정리하자면, 가톨릭, 성공회, 루터파 등은 전자의 입장을 취하고, 칼빈이나 '형제회'의 다양한 집단에서 유래한 철저한 개신교파들은 후자의 입장을 취한다. 문화와 실용 예술에 친화적인 '온건파' 이슬람과 탈레반 스타일의 '극단주의' 이슬람 사이에 현재 벌어지고 있는 갈등도 매우 비슷하다. 하지만 두 전통 중 어느 쪽이든 결국 하느님이 악으로부터 선을 결정적이고 최종적으로 분리한다는 입장은 같다. 물론 양쪽 전통 모두 처음의 역설을 직면하게 된다. 즉 "어떻게 무한히 거룩한 하느님이 자신이 만든 세상이 너무나도 불순하게 되고 악한 것을 너무 많이 포함하게 되는 것을 참을 수 있을까?"

정리하자면, 만약 당신이 강력하게 실재론적이고 윤리적인 유신론자라면, 당신은 '퓨리턴'이 되어야만 한다. 당신은 세상이 창조주의 의도에 부합하도록 간절히 바라야 한다. 당신은 왕의 행차를 준비하기 위해 카펫을 청소하고 커튼을 빨고 모든 것을 새로 칠하는 소도시의 고관이 되는 것이다.

하지만 삶의 종교의 입장에서 보면, 모든 것이 다르게 보인다. 우리는 이항적 사고와 퓨리턴의 정신을 가능한 한 우리 뒤로 버리고 싶어 한다. 우리는 가능한 한 순수하게 보편적으로 긍정적이고 싶어 한다. 우리는 최대한 관대하고 한량없이 너그러우며, 외국인 혐오가 없는 형제애의 도시(philadelphia)를 원한다. 사람들이 '세계 종교'라고 부르는 오랜 역사의 신앙 전통들은 사실 전혀 '세계'가 아니다. 왜냐하면 그들은 모두 국지적인 역사, 국지적인 언어, 국지적인 민족성, 국지적인 관습에 뿌리박고 있고, 그들 중

거의 모두가 세상을 선한 사람들, 신실한 사람들, 움마(umma, 이슬람 공동체), 하느님의 백성인 '우리'와, 이교도, 카피르(kaffir, 이슬람의 이교도), 고임(goyim, 유대교의 이교도), 신을 믿지 않고 부정하고 미개한 외부인들인 저들로 구분한다. 바로 이것이 정확히 우리가 뒤로 버려야 하는 사고 유형이다.

따라서 나는 온전히 세계화된 새로운 삶의 종교는 아무런 구체화된 제도가 없을 것을 상상해 본다. 여기에는 훈련 받은 종교 전문가들로 구성된 핵심 권력층이 필요 없다. 삶의 종교는 내부자와 외부자로, 또는 거룩한 자와 평범한 자로 세상을 나누려고 하지 않는다. 삶의 종교가 필요로 하는 유일한 기초는 그저 세계화된 인간들의 일상 대화이다. 그 영역에서 사람들은 자발적으로 삶의 종교로 올 것이다.

18. 사랑의 하느님, 증오의 하느님

하느님이 완벽하고 무한히 순수하고 거룩하다면, 하느님이 아닌 것, 어떤 점에서든 하느님과 다른 것은 모두 하느님보다 덜 완벽해야 한다. 정말로 하느님보다 **무한히** 덜 완벽해야 한다. 그것은 하느님에게 철저히 혐오스러운 것이어야만 한다. 순수하고, 무한하고, 거룩 자체인 분이 어떻게 다름(difference)과 타자성(他性, otherness)을 견딜 수 있겠는가?

느닷없이 우리는 무한히 거룩하고 완벽한 하느님은 무한히 민감하기도 해야 한다는 것을 깨닫는다. 하느님은 자신에게 낯선, 또는 자신과 다른 것은 무엇이든 강렬하게 싫어해야 하고, 모든 직접적이고 공개적인 비판이나 반대에 대해 즉시 격렬한 분노 상태로 들어가야 한다. **하느님을 따르는 사람들처럼 말이다.** 최근에 우리 서양 사람들은 우리 안에 있는 소수 민족 공동체의 원로 종교 지도자들이 어떤 형태로든 우리가 그들의 신앙과 풍습에 대해 공개적으로 비판하면 극도로 민감하게 반응하면서 그들의 감정을 보호하기 위해 강력한 신성모독법을 요구하는 것을 보게 되었다. 하느님이 무한히 민감하므로 오늘날 하느님의 백성들도 그런 것이다. 갑작스레 심한 공격이 가해지면, 하느님과 그의 백성은 모두 격분하여 폭발하고 불타오른다. 건물들이 소실되고 피가 쏟아진다.

무한한 사랑과 연민의 하느님(God of infinite love and compassion)과 순수하게 무자비한 증오의 하느님(God of implacable hatred)을 구분하는 것은 겨우 종이 한 장의 두께일 뿐이다. 그리고 이러한 생각은 우리가 역동적인 심층 심리학자들의 중심 가르침 중 하나를 다듬어야 한다고 제안한다. 프로이트와 융 같은 사람들은 감정 또는 무의식적 충동이 부드러움과 폭력, 사랑과 증오, 식욕과 구역질나는 역겨움, 삶에 대한 동경과 죽음에 대한 동경 등등 이항적인 쌍으로(in binary pairs) 일어나는 경향이 있다고 주장했다. 한 쌍 중 한 쪽이 너무 심하게 눌리거나 너무 강해지면, **또는 무참하게 좌절되면**, 느닷없이 반대쪽으로 기울 수 있다. 그런 경우 우리는 '반동'(the rebound)에 대해 말하게 되고, 어떤 여자가 병적인 사랑에 빠졌다가 그 남자에게 차이는 순간 갑자기 복수심에 불타는 흔한 이야기를 하게 된다. 내가 말하려는 것은 이것이다. 전통적인 가르침은 기본적인 감정적 충동이 매우 밀접하게 관련된 이항적인 쌍으로 일어나기 때문에 한 쌍 중 한 쪽이 너무 심하게 눌리거나, 막히거나, 좌절되면 느닷없이 반대쪽으로 기울 수도 있다는 것이다. 그리고 내가 보완하여 추가하는 원리는 감정이나 성격이 강렬하게 순수하고 다듬어질수록 감정의 교차는 더욱 격렬해진다는 것이다. 그러므로 히브리성서에서, 신약성서에서, 꾸란에서 어느 저자가 하느님의 무한한 사랑과 자비와 연민을 반복해서 찬양하면 할수록, 우리는 하느님의 대적들에 맞서 폭력적 발언을 분출하기 쉬워진다. 하느님이 순수한 사랑의 하느님(a God of pure love)이 되면 될수록 하느님은 **또한** 순수한 증오의 하느님(a God of pure hate)이 된다. 기록된 것만 봐도 알 수 있다.

니체는 이 점에 대해 특별히 요한 문헌과 관련하여 언급했는데, 이를 좀 더 발전시킬 필요가 있다. 축의 시대(Axial Age)의 모든 종교들은 거대한 규모의 중보종교 체계(systems of religious mediation)가 되었다. 종교생활은 고도로 규정되었고, 하느님은 거룩한 법의 강력한 법조문 뒤로 사라지게 되었다. 신학자들과 종교적 작가들은 종종 법관 역할을 했다. 이슬람과 정통 유대교의 경우엔 지금도 그러하다. 하지만 경건을 규칙 아래 사는 것과 동일시하는 신자는 규칙을 철저히 지키는 것에 사로잡힌 열 살짜리 어린이처럼 '경직'되기 쉽고, 느슨함을 참지 못한다. 종교적 개인이나 집단이 매우 율법적이고 빈틈없고 엄격하게 되면, 조급함과 감정의 교차가 격렬해질 위험이 훨씬 더 커지게 되고, 개인의 진실성과 마음의 순수성을 추구하는 훌륭하고 진지한 노력이 너무도 쉽게 미친 마녀사냥으로 전락하고 만다. 이런 일은 과거에도 종종 있었고, 지금도 여전히 일어나고 있다. 하느님의 사랑, 거룩, 완전함을 과도하게 영적 개념화한 순수주의는 인간을 흉포하고 폭력적이고 잔인하게 만드는 경향이 있다.

이것이 왜 이 글에서 내가 신의 거룩함과 인간의 죄성을 대비시키고, 선한 힘과 악한 힘 사이에 계속되는 우주 전쟁의 이야기로 종교 교리를 구성하는 전통적인 이원론적 사고를 철저히 폐기했는지를 설명해 준다. 내가 기술하는 종교는 삶을 있는 그대로 유한하고 불완전한 것으로 통째로 받아들인다. 우리는 절대적인 순수, 거룩, 완벽 등을 열렬히 추구하는 것을 피해야 한다. 절대성을 향한 갈망은 살짝 미친 것이고, 결국은 파괴적인 것이다. 대신 우리는 언제나 인간적이고, 실제적이고, 불완전하고, 투명하고, (무엇보다) 달콤쌉싸름한(bitterbittersweet) 것을 선호해야 한다. 윤리의 경우 나는 어떻게 해야 할지를 알기 때문에 일관되게 긍정적일 수 있는 실천을 주장하며, 후회, 시기, 탐욕, 불평, 원한, 반감, 혐오 등등 영혼을 해롭게 하는 모든 부정적인 감정 속으로 들어가는 것을 허용하지 않으려 애써야 한다고 주장한다. 악에 대한 진정한 승리는 그저 아량을 실천하는 것이다. 인생의 달콤쌉싸름함에 대해서는 그저 수용하고 웃어넘기려고 애써야 한다. 어쩌면 애처로울 수도 있다. 하지만 우리 모두가 인식하는 이 고뇌 속에 기쁨의 가능성이 존재한다.

19. 조직화된 종교: 진리, 정치, 권력

우리가 위대한 "세계 종교들"이라고 부르는 것들은 오래 되었고, 지역을 기반으로 하며, 문화적인 전통들이다.[2] 이들 중 오늘날까지 살아남은 것들은 널리 인정받는 지도력 아래 어느 정도 잘 조직되어 있는 것들이다. 그중 매우 고도로 조직된 단체는 로마 가톨릭 교회, 동방 정교회의 매우 오래된 국가 교회들, 주요 개신교 교회들, 기타 여러 단체들을 포함하여 모두 기독교 단체들이다. 유대교와 무슬림 신앙 전통들도 상당히 잘 조직되어 있다. 반면에 아시아의 경우 (예를 들어) 인도와 중국의 국가 종교 전통은 매우 느슨하다. 너무 느슨해서 중심 조직이나 지도자나 대변인이나 '정통 교리' 등을 식별하기가 쉽지 않다.

이런 맥락에서 (넓은 의미의) '서양' 사람이 "조직화된 종교"라는 문구를 사용할 때 그 마음속에 있는 것은 로마 가톨릭 교회와 어느 정도 이를 닮은 다양한 다른 기독교 단체라는 것을 우리는 쉽게 가정할 수 있다. 조직화된 종교에 대한 이와 같은 지배적인 모델의 몇 가지 특징은 다른 전통의 경우 해당 사항이 부분적으로만 존재하거나 아예 존재하지 않기도 한다. 몇 가지 예를 들자면, 종교적 진리에 대한 특별한 신적 계시를 전달하기 위한 거룩한 문서와 전업 서기관 및 경전 해석자 계급, 각 개인을 종교 공동체의 회원으로 받아들이고 평생 동안 회원의 상태를 유지하도록 전업 제사장이 수행하는 제례 체계, 셋째로 방금 언급한 두 전업 계급—경전을 필사하고 해석하고 강론하는 '서기관'과 성사를 집행하고 예배를 관리하는 사제—으로부

---

[2] 종교사학자들과 '비교종교학자들' 가운데 내 견해 및 이 책의 주제와 가장 가까운 사람은 고(故) 트레버 링이다. Trevor Ling, *A History of Religion East and West*를 보라.

터 종교 지도자와 '진리 체제'라는 강력한 체계가 발전하여 이를 통해 종교적 진리가 형성되고 발표되고 시행되고, 예배와 성사를 관리하며, 방대한 규모의 종교법을 성문화하고 시행한다. 온전히 발전한 체계 안에서 교회는 국가의 영적인 복사판이 된다. 이슬람의 경우에는 종교 공동체와 시민 사회가 결국 일치하게 된다. 따라서 "조직화된 종교"는 인간의 삶과 사상 전체를 통제하는 강력한 체계가 된다. "기독교세계"(Christendom)에서는 조직화된 종교가 통치권과 전쟁 빼고 거의 모든 것을 관리한다. 실제로 문화의 거의 모든 것을 관리한다. 종교제의(cult)와 문화(culture)가 일치하게 된다. 이슬람에서는 종교 체계가 통치권과 전쟁까지도 다루면서 세속의 영역은 훨씬 작아진다.

서양의 조직화된 종교가 그 최대치였을 때는 정말로 매우 컸다. 조직화된 종교는 당연히 고대 세속 로마의 조직과 통치 방식에서 많은 것을 따왔다. 콘스탄티누스 황제, 중세 서방교회의 기독교 왕들, 개신교의 "신을 섬기는 군주들"(godly princes), 러시아의 황제들(Tsars), 영국 하노버 왕가의 군주들은 모두 자신들의 통치를 정당화하고 보편 사회 질서를 안정화하기 위해 교회와 신조를 사용하고 있다는 점을 알고 있었다. 어쨌든 최소한 기독교와 이슬람에서 종교적 진리는 거의 언제나 정치적 성격을 가지고 있었다. 종교 지도자들은 자신들이 신이 계시한 진리를 위해 신이 임명한 청지기라고 생각했으며, 자신들의 역할은 그 진리를 수호하고, 규정하고, 전파하고, 시행하는 것이라고 생각했다. 이들이 이 역할을 성공적으로 잘 수행했기 때문에 사람들은 진리의 통치라는 개념을 내면화하게 되었고, 종교적 이견이나 불일치, 이단 등은 사회 전반의 안녕을 심각하게 위협하는 것으로 여기게 되었다.

이 모든 것이 의미하는 것은, 적어도 기독교, 이슬람교, 유대교에서는,

그리고 심지어 (아마도 훨씬 적은 범위겠지만) 인도나 중국에서도, 종교적 진리는 언제나 정치적이었다는 것이다. 진리는 종교적 이유로, 종교적 방식으로, 특정 종교적 이해관계를 염두에 두고서 규정되고 시행된다. 비록 중세의 긴 기간 동안 수많은 아니 대다수 철학자들이 종교 공동체에 순응하는 구성원으로 남는 데에 만족했지만, 실상 성직자들과 철학자들은 종교 사상에 대해 완전히 다른 방식으로 질문을 던지는 완전 다른 종자들이었다. 간단히 말해, 종교에 대해 진지한 철학자는 "조직화된 종교"와의 접촉을 피해야만 했다. 스스로를 진리에 대한 조직화된 종교의 생각으로부터 가능한 한 멀리 떼어 놓아야만 했던 것이다. 이것이 바로 이 책이 출판되는 날 슬프지만 내가 최종적으로 조직화된 종교와의 평생의 관계를 끝내야 하는 이유다.

내가 이러한 중요하지 않은 개인적인 문제를 언급하는 이유는 여기에 좀 더 넓은 반향이 있기 때문이다. 20세기 중에 우리는 공산당으로부터 정치 이데올로기에 대해 많은 것을 배웠고, 유럽인들이 강력하게 시행되는 진리 체제(regime of truth) 아래 산다는 것이 어떤 것인지를 배웠다. 다행히도, 최소한 우리 서양의 경우, 이제는 그 모든 것이 붕괴되었고, 되돌아갈 것으로는 보이지 않는다. 하지만 돌이켜 보면, 이를 통해 우리의 전통적인 **종교** 진리 체제, 특히 기독교와 이슬람 사회에 매우 적나라한 빛을 비추게 되었다. 내 생각엔 이것이 현재 우리가 서양에서, 그리고 어쩌면 세계의 다른 지역에서도 "종교의 쇠락"(decline of religion)이 가속화하고 있는 것을 목격하는 한 가지 이유인 것 같다. 우리는 더 이상 종교가 일반적으로 좋은 것이라고 말할 수 없게 되었다. 너무나 많은 종교가 무척이나 해로워 보인다. 종교적이든 아니든, 우리는 더 이상 강제로 확립된 이데올로기를 원하지 않는다. 점점 더 많은 사람들이 조직화된 전통적 형태의 모든 종교를 도덕적으로 사악하고, 반동적이고, 폭력적이라고 여기며 이로부터 벗어나기를 원한다. 미국에서는 사람들이 왜 공화당이 (솔직히 말해) 완전히 나쁜 사람들인 복음주의자들을 받아들이고 공공 정책 수립에 그 사람들의 영향을 그렇게 많이 받는지 의아해 한다. 그리고 영국에서는 주교들이 왜 그리도 약해 빠져서 국가의 유구한 역사의 최고 기관인 국가 교회를 복음주의자들에게 탈취당해야 하는지 모르겠다. 그들은 왜 맞서 싸우지 못했을까?

여론은 이미 "조직화된 종교"를 싫어하고 있고, 충분히 그럴 만하다. 이것이 조직화된 종교가 우리의 삶의 종교(Religion of Life)의 개요에 전혀 나타나지 않는 이유이다. 우리는 종교 이데올로기나 종교 제도가 다시는 전통적인 방식으로 사회적으로 정치적으로 수립되지 않기를 바란다.

20. 탈근대성: 세계화 대 종교적 '극단주의'

1960년대에는 흔히 수정주의(revisionist) 신학자들이나 급진주의(radical) 신학자들이 대개 세속화 이론을 수용하고 있다고 했다. 점진적으로 발전한 계몽주의가 과학과 기술의 엄청난 발전과 인류가 전반적으로 윤리적 성인이 되는 것(ethical coming-of-age)과 어우러져 어디서나 전통이라는 족쇄로부터 인류를 해방시켰다. 기독교 복음은 생존을 위해 비신화화(demythologize)되어야 했고, 세속적 휴머니즘(또는 헤겔, 또는 마르크스, 또는 윌리엄 블레이크, 또는 니체 등등)이라는 새로운 세계관의 용어로 다시 표현되어야 했다. 세속화 과정은 사실상 멈출 수가 없었고, 그에 대한 저항은 쓸데없다. 1940년대의 본회퍼와 불트만으로부터 1960년대의 알타이저, 하비 콕스, 로빈슨까지 일련의 저자들은 그렇게 말했다.

반세기가 지난 지금 신학자들은 1960년대가 근대성(modernity)이 마지막으로 환호한 때였다고 여긴다. 그때 이후, 역사 속에서 인류의 보편적 해방이 다가올 것이라는 유토피아적 믿음은 인류의 미래를 위협하는 수많은 끔찍한 위협을 우리가 새롭게 인식하게 되면서, 또한 세계 어디서나 세계화에 반대하는 과격한 지역주의자들의 반발에 의해 무너졌다. 누군가는 종교가 **복수라도 하려는 듯** 되살아나서, 세속적 이성의 패권에 날카롭게 도전하고 있다고 말할 수도 있다. 마르크스주의는 약해져 쇠퇴한 것처럼 보이고, 되살아난 이슬람은 공산주의가 분발시켰던 것보다 훨씬 큰 도전을 유럽의 미래에 제시하게 되었다. 스페인, 이탈리아 및 일부 다른 국가들은 미래에 대해 불안해한다. 한 예로 공산주의와 파시즘은 금방 사라졌지만, 이슬람은 불멸인 것처럼 보인다. 종교는 모든 정치 이데올로기보다 훨씬 끈질기기 때문이다. 이슬람의 진출을 막기 위해 그에 맞수가 될 우리의 종교 전통을 되살리는 것 이외에 달리 방법이 있을까? 따라서 현재 시대를 아는 젊은 신보수주의 신학자들은, 전통적인 서양의 세속적이며 철학적인 이성(secular and philosophical reason)이 허무주의로 이끌었고, 이 허무주의에서 벗어나려면 신학적 이성(theological reason)과 전통적 로마 가톨릭 신학(Latin Christian theology)으로 확실하게 다시 돌아가야 한다고 주장한다.

요약하자면, 1960년대에 급진적 신학자들은 근대주의자들(modernists)이었고, 세속화 이론을 수용했으며 (대개) 본회퍼와 불트만 등 루터파를 따르는 사람들이었다. 반면에 급진적 정통주의파(Radical Orthodoxy)라는 새로운 신학자들은 자신들을 탈근대주의자(postmodern)로 묘사했고, 이들의 논리는 칼빈주의자인 칼 바르트에게서 온 것이 많았다.

오늘날 전반적으로 세속화 이론은 여러 사건들로 인해 잘못된 것으로 드러난, 약간은 자유주의적이고 진보주의적인 이데올로기로 여겨지긴 하지만, 여전히 그 이론을 수용하는 사람들도 일부 있다. 그중 한 사람으로 뉴질랜드의 노익장으로서 여전히 글을 쓰고 책을 출판하는 마지막 60년대 급진주의자인 로이드 기링(Lloyd Geering)을 꼽을 수 있다. 우리는 새로운 기술이 여전히 문화의 세계화와 세속화를 가속시키고, 낡은 종교 제도의 통계상 하락을 가속화시킨다고 말한다. 종교의 위대한 재기(부흥) 이야기는 전부 허세일 뿐이다. 다음에 어떤 대변인이 "10억"이나 "13억의 무슬림" 이야기를 한다면, 최근에 메카 참배(hajj)를 위해 모인 사람들의 실제 숫자를 확인해 보라. 그 숫자에 40을 곱하면, 공개적으로 열심히 활동하는 무슬림 남성의 숫자를 어림짐작할 수 있다. 마찬가지로 기독교 국가로 알려진 나라에서는 해마다 세례 받는 유아들의 비율이나 해마다 교회에서 거행되는 결혼식 숫자를 확인해 보라. 로마 가톨릭 교회와 관련해서는 교구 사제들의 평균 나이 또는 수사와 수녀의 숫자를 확인해 보라. 싱가포르와 같은 아시아의 다문화 무역 도시의 경우 최근 수십 년간 여러 예배 장소에서 무슨 일이 일어나고 있는지 확인해 보라. 모든 증거는 60년대의 진단이 전반적으로 옳았고, 세속화가 거침없이 진행되고 있다는 것을 보여준다. 아마도 유럽과 동아시아에서 특히 그런 것 같다. 위대한 아일랜드 신학교가 비게 되었다는 것은 빙하의 위기보다 훨씬 더 명약관화한 사실이다. 사람들이 매우 뿌듯해 하는 종교의 '귀환'(return of religion)의 경우, 이는 그저 세계화에 반발하는 노인들이 주도하는 지역주의 저항 행동의 일부로 사용되는 지역 '정체성'의 상징으로서의 종교의 귀환일 뿐이다. 이는 **종교**로서의 종교의 귀환이 아니다. 세계 어디에서도 근본주의나 '극단주의' 종교는 중세의 전성기에 양산된 위대한 신앙과 같은 세계 수준의 글, 음악, 건축, 철학 등을 양산하지 못한다. 그저 고리타분한 잡동사니나 쓰레기를 양산할 뿐이다.

간단히 말해서, 세속화 이론은 여전히 유효하다. 하지만 나는 급진적 정통주의파의 젊은 탈근대주의자들이 데카르트 이후 (어쩌면 훨씬 이전부터) 서양의 세속적 이성의 발달이 우리를 허무주의와 종교적 위기의 시대로 이끌었다고 주장하는 것에 대해 옳다고 인정해야 한다. 확신에 찬 세속적 휴머니스트들은 여전히 하느님과 초자연적 질서는 환상일 뿐이었으며, 그 환상을 쫓아낸다고 해서 별로 달라지는 게 없다고 주장한다. 하지만 이는 심각한 잘못이다. 왜냐하면 그런 주장은 플라톤과 파르메니데스 이래로 구축되어왔던 서양 사상의 중심적 가정들(assumptions)의 뗏목을 하느님이 얼마나 많이 떠받치고 있는지를 모르기 때문이다. 그 가정들을 밝혀내고 이제 그 근거 없음을 드러내는 작업은 특히 니체와 데리다가 수행하였다. 그들의 글은 신의 죽음(Death of God)이 또한 우리 피조물이 이해할 수 있는 객관적으로 인식 가능한 우주의 죽음(death of Cosmos), 참 자기의 죽음(death of the true Self), 객관적 우주적 이성의 죽음, 객관적 가치의 죽음, 저 너머에 고정된 진짜 의미의 죽음, 저 너머에 있는 진실의 죽음이기도 하다는 것을 분명하게 해 주었다.

그러므로 젊은 터키 급진 신학자들이 허무주의에 대해 한 말은 옳다. 하지만 그들은 너무나 조급한 나머지 데리다와 함께 머무르면서 데리다와 비슷한 사람들인 잔니 바티모(Gianni Vattimo)와 나가르주나(Nagarjuna)와 데리다를 연결하고 이와 같은 견해의 종교적 가능성이 어떻게 되는지를 묻지 못한다. 대신에 그들은 자신들이 무비판적이고 비철학적으로 기독교의 계시의 핵심이라고 여기게 된 것을 근본주의적으로 재확인하는 쪽으로 곧장 넘어간다. 이 부분에서 그들은 길을 잃게 된다. 왜냐하면 성서 비평이 합리적인 의심을 넘어, (예를 들어) 성육신(화육) 교리가 그저 오해일 뿐이라고 밝혔기 때문이다. 성육신 교리는 예수에 대한 해석으로서 매우 미심쩍다. 신약의 저자 누구도 이를 온전히 가르치지 않으며, 오직 성 요한만이 여기에 가까울 뿐이다. 그러니 우리가 어떻게 이것이 기독교의 영원한 핵심의 일부로 계시된 것이라고 알 수 있겠는가?

전통적인 로마 가톨릭 교리 체계의 다른 부분 역시 비슷한 반대에 직면해 있다. 그것은 모두 오래 전에 폭발해 버렸다. 따라서 우리는 허무주의의 문제, 우리가 허무주의에 어떻게 반응할 수 있는지의 문제로 다시 내몰린다. 여기서 나는 우리가 비트겐쉬타인을, 불교를, 일상 언어와 현재 순간을 바라보아야 한다고 주장하는 바이다. 1998년 말에 몇 달 동안 연구한 결과 나는 일반인들이 일상 대화 속에서 이미 이 문제를 대면하고 있었고, 이에 대한 반응으로 비형식적 삶의 철학(informal philosophy of life)을 발전시켜 왔음을 확인할 수 있었다. 나는 서서히 이것에 대해 이해할 수 있었고, 그 내용을 이 책에서 제시하고 있는 것이다. 홀로 낯선 사상의 바다를 영웅적으로 항해하고 있는 대철학자 프리드리히 니체에게 이 모든 것을 설명할 생각을 하면 매우 흥미롭다. 니체는 분명 1급 천재였다. 우리는 분명 그 점을 인정해야 한다. 하지만 철학과는 관계없는 평범한 사람들이 일상 대화 속에서 니체가 깨달은 것 **이상을** 깨달았다는 점을 우리가 니체에게 어떻게 설명할 수 있을까? 집단이 위인을 능가한 것이고, 거북이가 아킬레스를 앞지른 것이다. 와우!

21. '검은' 독재에 대한 세속의 반격

　이제 마침내 소멸해 가는 유형의 종교 기관 아래에서 거룩함과 영적 힘을 끌어올리려고 이런저런 시도를 하다 보면, 언제나 세상의 다른 부분을 상대적으로 끌어내려야만 했다. **여기에** 집중된 가치는 다른 어딘가로 빠져 나가야만 했다. 예를 들어, 천 년 이상 수사, 수녀, 교구 사제 등이 다른 사람들보다 어쨌든 더 거룩하고 하느님과 더 가깝다는 주장이 있어왔고, 또한 그들이 독신이라는 점이 그들에게 도덕적 권위를 추가로 부여해 주었다. 순결함은 거룩한 상태인 것이었고, 처녀성은 종교적으로 결혼보다 훌륭한 것이었다. 하지만 여기에는 성교, 여성, 집안과 가족의 삶, 그리고 일반적인 삶의 세속 영역 전체를 상대적으로 평가절하하고 격하시키는 의미가 내포되어 있다. 결국 사람들은 반란을 일으켰고, 실제로 현대에 잇따라 일어난 모든 인간 해방 운동들 중에서, 우리 종교가 역사 속에서 평가절하했던 모든 것의 올바른 가치를 회복하기 위한 세속의 반격(the secular fightback)이 분명 가장 중요한 것이다. 이는 분명 **종교적으로** 매우 중요한 것이고, 세속에 대한 종교의 극적인 재평가(a dramatic religious revaluation of the secular)가 결국에는 기독교의 최고의 업적으로 여겨질 것이라고 주장하는 것도 타당할 수 있다. 이러한 재평가는 중세 시대부터 그 추진력이 서서히 축적되다가, 지난 세대에 유럽에서 마지막까지 견고한 로마 가톨릭으로 남았던 국가들에서 세속에 대한 그런 재평가가 승리한 것을 우리는 볼 수 있었다. 10년도 안 된 기간에 갑자기 아일랜드와 스페인 같은 나라에서 교회 권력이 붕괴되었고, 내 나이 또래에게는 역사 속에서 교회가 누렸던 권력과 부와 문화적 중요성을 나타내주는 위대한 건축물인 스페인의 대성당들이 관광지도에나 어쩌다 표시된다는 점이 낯설게 느껴진다. 이제 사람들은 눈을 돌린다. 사람들은 더 이상 그런 유형의 것에 감탄한다거나 주목하고 싶어 하지 않는다. 사람들은 그것을 그저 잊고 싶어 한다.

나 역시 로마의 성 베드로 성당에서 똑같이 느꼈음을 고백한다. 종교와는 전혀 상관없는 건물, 영적 권력의 화려하고 거친 전시장, 교황의 극장일 뿐이었다. 나는 암묵적 가치들을 좋아하지 않는다. 그것들은 역겹다. 게다가, 그 모든 것을 만들기 위해 다른 사람들과 생활 세상의 다른 영역들의 가치를 떨어뜨린 방식을 나는 좋아하지 않는다. 사람들은 "종교의 자유"를 이야기하지만, 사실 그 의미는 거의 언제나 교회가 그 권력을 키우기 위해, 특히 교회 구성원들을 통제하기 위한 권력을 키우기 위해, 끊임없이 노력하는 것에 대해 아무 적절한 점검조차 없다는 뜻이다. 권력에 대한 교회의 **탐욕은 끝이 없다**. 고삐 없이 자유가 주어진다면, 교회는 끝도 없이 점점 더 흡혈귀가 되어갈 것이다.

가치를 갑자기 뒤집는 폭력은 우리를 놀라게 만들 수 있다. 수천 명의 헌신하는 사람들이 전 생애를 바쳐 하느님의 더 큰 영광을 위한다고 믿으면서 교회의 크기, 권력, 부를 늘리기 위해 애썼다. 수많은 가톨릭 신자들에게 이 두 가지 명분은 정의상 동일한 것이었다. 그러다 80년대와 90년대에 끔찍한 스캔들이 일어났고, 갑자기 무언가가 터져 나왔다. 예를 들어, 아일랜드 사람들은 교회의 강렬한 이기심과 특히 여성에 대한 태도를 더 이상 참을 수 없었다. 그리고 아일랜드는, 모든 나라들 중 아일랜드는, 갑자기 길을 잃었다.

폴란드에서는 교회 역시, 동유럽의 방식으로, 생존을 위한 사람들의 오랜 노력과 깊이 함께 하였다. 교회는 공산당의 통치 기간 동안 반석 역할을 했다. 그러다 공산당이 붕괴되었다. 이제 폴란드 사람들은 가톨릭교회가 인간의 자유를 얼마나 사랑하는지를 보게 될까? 아니다. 사람들은 교회가 공산주의 이후의 새로운 사회를 통제하기 위한 몫 전체를 원하는 것을 보게 되었다. 누군가는 이렇게 말했다. "우리가 그 오랜 기간 붉은 독재(red dictatorship)에 맞서 싸운 것이 그저 검은 독재(a black dictatorship)로 대체하기 위한 것은 아니었다."

개신교의 종교개혁이 적어도 부분적으로는 교회의 권력과 착취에 대한 저항이었기 때문에 처음에는 해방하는 힘으로 여겨졌다. 하지만 얼마 안 가서 사람들은 밀턴의 표현에 의하면, "새로운 장로는 그저 더 심해진 과거의 사제일 뿐이다"라고 불평하기 시작했다. 개혁된 종교는 자유에 대해 말했고 "교회 안에서의 구원자의 왕권"(the Crown rights of the Redeemer in his Church)에 대해 말했다. 하지만 지역의 작은 폭군인 장로들은 곧 이전 종교의 폭군보다 더 가혹하고 심하다는 것이 드러났다. 미국인이라면 여기서 너대니얼 호손(Nathaniel Hawthorne)의 작품들을 생각할 것이고, 또한 종교의 자유를 찾아 미국으로 도망쳤던 수많은 사람들의 결말이 새로운 종교 압제 체제를 만들고 그 아래에서 고통 받게 되었다는 점은 특히 마음 아프다.

이런 배경에 비추어볼 때, 친우회, 즉 퀘이커들의 전통에서 '생명'의 새로운 종교성이 어떠한 지배 체제뿐 아니라, 거룩함, 가치, 권력에 관한 어떠한 등급 구조도 만들지 않으려고 애쓴 것이 얼마나 의미심장한 것인지 우리는 볼 수 있다. 우리는 거룩과 세속 사이의 구분을 전혀 원하지 않는다. 우리는 종교적 계급을 원하지 않는다. 우리가 원하는 것은 가능한 한 일관적이고 보편적으로 긍정적인 윤리이다. 간단히 말해, 생명의 종교는 수천 년 동안 존속해 온 종교 질서를 타도하는 것이다. 우리는 **모든** 생명이 거룩하길 바라고, 사람이든 장소든 물건이든 아무것도 특전을 부여받는 것을 원하지 않는다. 오늘날 심지어 교황도 큰 소리로 요구받을 수 있고 요구받고 있다는 것을 알고 있는가? 교황조차도 미디어에 책임을 져야 한다.

만약 내가 세속 세상을 개선하고 재평가하기 위한 오랜 투쟁의 커다란 종교적 중요성을 강조한다면, 당신은 아마도 주로 개신교 종교개혁을 생각할 것이다. 하지만 그렇지 않다. 이탈리아에서 이 모든 것은 종교개혁 훨씬 이전부터 시작되었다. 후기 로마네스크 시기까지 거의 모든 예술은 종교 예술이었다. 이 시기에는 황금을 배경으로 거룩한 세상의 주민들을 묘사하였다. 등장인물들은 언제나 젊고, 단조로운 대칭을 이루었으며, 아무런 개성 없이 정면을 향해 무표정하게 당신을 쳐다보고 있다. 그 후 약 300년 정도에 걸쳐 서서히 인간 세상이 조금씩 회복되었다. 인간의 감정과 인간의 고통을 표현했고, 인간 생활 세상의 푸른 하늘을 표현했다. 그런 다음 이와 맞물려 특히 지오토(Giotto)의 작품에서 인간의 시선을 표현했다. 이 세상의 공간과 시간, 즉 관점을 표현했고, 경관을 표현했다. 인간이 늙어가는 과정을 표현했고, 온전히 개성이 담긴 인간의 얼굴을 표현했다. 여성의 누드를 표현했다. 이제 고작 얀 반 에이크(Jan Van Eyck)까지 왔을 뿐이다. 그런 다음 회화는 서서히 풍속화와 일상 가정생활 장면으로 넘어간다. 하지만 마지막 발걸음은 무엇보다 떼기 어려운 것이고, 나는 어느 지점에서 우리가 마침내 평범한 세속적 일상성을 완전히 비관념적으로 칭송하는 것을 발견했다고 온전히 확신할 수 있을지 모르겠다. 하지만 그 지점에 이를 때에만[3] 우리는 마침내 특별한 거룩한 세상이 최종적으로 붕괴되고, **이** 세상의 회복이 최종적으로 성취된 것을 보는 것이다. 그 기쁜 순간이 오면 하느님은 죽게 되고, 종교의 역사는 종말을 맞게 된다. 세상, 이 세상, **우리의** 세상이 되찾은 낙원이 된다.

---

[3] 이 점에 관해서 나는 카미유 피사로의 그림을 언급하겠다. 하지만 훨씬 이전의 다른 사람들에 대해 주장하는 것도 물론 가능하다.

22. 허깨비 신학(Spectral Theology): 어른거리는 하느님의 영들, 객관적 실재, 절대 지식, 순수한 사랑, 영원한 행복

예수 그리스도의 동등하게 충만한 신성, 즉 "하느님에게서 나신 하느님이시며, 본질에서 성부와 같으시다. …"는 4~5세기 중에 초기 기독교 교회의 여러 보편 공의회에서 최종적으로 동의한 내용이다. 이 교리가 신약성서가 말하는 것보다 훨씬 많은 것을 말하기 때문에, 또한 철학적으로 어려운 것들을 많이 표현하기 때문에, 종종 교회에 문제를 일으킬 위협이 되기도 했다. 당연히, 그리스도 안에서의 하느님의 성육신(화육)이 일단 분명하게 선언되고 공식적으로 지지되었으므로, 교회 기독교(ecclesiastical Christianity)의 앞날은 유한할 뿐이었다. 교리적 형이상학의 종말, 신의 죽음, 순전히 이 세상적인 일상생활의 종교로의 전환이 불가피하게 되었다. 따라서 그리스도의 충만한 신성을 선포한 것은 '중보' 종교 유형에서 이전의 초자연적 세계관의 최고의 성취이자 동시에 사망 선고이기도 한 것이다.

왜냐고? 왜냐하면 그 새로운 성육신 교리가 하느님이 아무 조건 없이 한 인간의 삶을 자신의 것으로 만들었다고 주장했기 때문이다. 적어도 이 시점에서는 절대자가 마침내 역사 속으로 내려온 것이다. 이것이 의미하는 것은 결국 모든 것, 그야말로 **모든 것**이 헤겔과 그 후계자들에 의해 시간과 변화의 이 세상 속으로 끌어내려질 것이라는 뜻이다. 그리스도 안에서의 하느님의 완전한 성육신은 20세기가 되자 종교의 관심을 하느님에서 인간으로, 저편에서 지금 여기로, 영원에서 역사로 돌이킬 수 없도록 완전히 바뀌게 하였다. 간단히 말해, 기독교가 급진적 휴머니즘(radical humanism) 형태로 완전히 세속화한 것이고, 삶의 종교(the religion of life)가 된 것이다. 기독교는 하느님을 땅으로 영원히 끌어내렸다. 정말 잘한 일이다.

기독교의 중심이자 최고의 확언이었던 그 성육신 교리가 결국 거룩한 도시 한가운데 부지중에 세워진 트로이의 목마였다는 것은 아이러니다. 하지만 몇 세기 동안 동방의 비잔틴 버전의 기독교는 여전히 유력하여 종교적 생각이 서서히 세속화되는 것에 저항하는 쪽으로 성육신을 해석하려고 애썼다. 동방 기독교는 그리스도의 인격 안에서 영원한 도리(eternal order)가 스스로를 시간 속에 사는 인간에게 드러냈다고 말한다. 성육신을 "신성이 육신으로 전환된 것"(the conversion of the godhead into flesh)으로 읽으면 안 되고, 오히려 독특하게 집중되고 강렬한, 하느님의 시간 속 현현(Epiphany of God in time)으로서 그 현현 안에서, 또한 그 현현을 통해 "인성이 하느님에게 인도되는 것"(the manhood would be taken into God)으로 읽어야 한다는 것이다. 따라서 첫 번째 천년기(기원후 1-999년) 동안에는 성육신이, 인간이 하늘로 들려 올려질 관문으로 여겨졌을 뿐이지, 초자연적 세계 전체가 역사 속으로 내려올 관문으로 여겨지지는 않았다.

그러면 성육신을 세속적으로, 휴머니즘적으로 해석하는 것이 서방에서 어떻게 처음으로 시작되었고 또한 점점 우세하게 되었을까? 예술 전통으로 보면 서방의 생각은 동방처럼 철학적이지 않았고, 우리 서방은 늘 이야기를 통해 생각하기를 좋아했다는 것을 알 수 있다. 서방 사람들이 볼 때 우리가 구원받는 것은 그리스도의 인격(the Person)만을 통해서가 아니라 사역(the work)을 통해서, 즉 **그리스도가 살아낸 삶**(life)을 통해서다. 그러므로 정교회 교인이 볼 때, 십자가에 달린 그리스도의 이미지는 그리스도의 제사장 사역과 십자가 위에서의 승리에 대한 이미지 또는 아이콘(icon)이다. 그 인상은 종종 제대로 차려입고, 꼿꼿이 서 있으며, **군림하는** 모습이다. 반면 서방에서는 같은 주제가 인간의 감정을 동요시키는 인간적 고통에 대한 **이야기**(a narrative)로 다루어지고, 그리스도의 인상은 고통으로 일그러져있다. 십자가를 바라본다는 것은 동료 인간에 대한 인간의 생각과 감정을 가지는 것이고, 이러한 생각과 감정을 **하느님**에 대한 생각과 감정과 일치시키는 것이다. **성 금요일**은 1년 중 가장 세속적인 날인 것이다.

같은 주제를 계속 이야기하자면, 동방 기독교의 사고는 성상(聖像) 칸막이에서 명확하게 볼 수 있듯이, 영원한 세상에, 오직 영원한 세상에만 변함없이 고정되어 있다. 복음서의 사건들에 대한 그림은 자연주의나 사실주의를 향한 어떤 시도도 없이, 금으로 된 배경에 고정된 정적인 형식들이다. 반면에 서방 종교의 사고는 그리스도의 생애를 진정한 인간의 생애로, 즉 푸른 하늘 아래 특정 지역을 배경으로 다른 사람들 사이에서 살았던 **사회적** 삶으로 그린다. 앞에서 언급한 것처럼, 누구보다도 지오토가 볼 때 복음서 이야기의 위대한 사건들은 그저 영원한 진리를 직접적으로 현현하는 것이 아니라 참가자들이 서로의 눈을 보면서 "**너는** 어떻게 생각해? 너는 이 친구에 대해 어떻게 판단해?"라고 묻는 휴먼 드라마인 것이다. 이는 그저 마음에 대한 신적 조명(divine illumination)이 아니라 인간의 논쟁에 휘말린 자신을 발견하는 것이다.

지오토의 미술 속에서 우리는 기독교 휴머니즘의 시작과 더불어 한때 현대의 신앙(*devotio moderna*)이라고 불렸던 것의 시작을 보게 된다. 예수의 인간적 생애는 두 번째 기독교 천년기 동안에 전체 기독교가 점차 인간의 역사 속으로 내려오고 서서히 일상생활의 새로운 종교로 변해가게 되는 관문이었다. 이 과정은 거의 천 년이 걸렸고, 매우 복잡했지만, 이제는 거의 끝나가고 있다. 우리는 거의 다 와 가는 것이다.

참고로, 우리는 19세기의 새로운 발견, 즉 "모든 것은 역사적이다", "모든 존재는 시간적이다", "모든 것은 내재적이다", "삶은 외부가 없다" 등의 위대한 발견을 통해서, 시간 속 사물들의 과정이 시간 밖에 고정된 지점에서 통제되거나 규정된다는 식의 모든 사고를 종식시킨다는 점을 알게 되었다. 그렇다. 모든 것은 과정 속에 내재되어 있다. 모든 것은 바다처럼 함께 요동친다. 그리고 일련의 전통적인 종교적 절대성은 이제 사라졌다. 우리가 온전히 시간의 과정 속에서 살면서 그 밖으로 뛰쳐나갈 수가 없기 때문에, 과정 전체를, 그리고 사태가 전반적으로 좋아질 수 있는지를, 아니면 **어디론가** 가고 있는지를 객관적으로 판단할 수 있는 시간 밖의 입장에 접근할 수는 없다.

우리는 언제나 사태들이 진행되는 가운데 있고, 따라서 이전의 절대성들, 즉 영원하고 완전하고 전지한 하느님은 사라졌다. 또한 우리가 살아가고 이해하도록 미리 설계된 우주로서의 **유일한** 세상, 우리 여정의 끝에 도달하게 될 복을 주는 절대 지식의 최종 상태, 서로에게 자신을 굴복시키는 온전한 상호 투명성과 안정성의 상태로서의 순수한 사랑의 가능성, 영원한 행복 역시 사라졌다. 어쨌든 플라톤과 파르메니데스로부터 시작해서 이들 "절대성들"은 위대한 이야기들이 해먹처럼 매달릴 수 있는 고정된 말뚝을 제공해 주었다. 그러므로 서양의 표준 기독교 신학이 단지 "대중을 위한 플라톤주의"(platonism for the masses)일 뿐이라는 니체의 주장은 타당하다. 하지만 우리는 스스로에게 다음과 같은 질문을 던질 수 있다. "잠깐! 그 말뚝들이 어떻게 박혀 있는 거지? 우리는 어떻게 그 말뚝들에 대해 확신할 수 있지?" 그러면 고정된 지점인 그 말뚝들이 갑자기 사라진다. 이제 모든 것이 우리가 우리 자신을 삶에 연관시키는 방식으로 끌어내려지기 때문에, 그 결과로 나타나는 것은 새로운 삶의 종교이다. 그것이 존재하는 모든 것이다. 모든 순간은 우발적이고, 모든 순간은 최종적이고, 모든 순간은 우리가 삶을 움켜쥐는 **동시에 놓아주는** 신앙의 결단을 내려야 하는 순간이다. 우리는 우리 자신을 쏟아 붓고 사라지면서 삶에서 무상한 즐거움을 **그냥 지나치는**

경험을 하게 된다. 그것이 바로 사람들이 통속적으로 말하는 우리의 숙명이다. 그것이 존재하는 모든 것이고, 그것이 우리가 알게 될 모든 것이다.

여기에 우리의 불가능한 사랑에 관한, 그리고 "허깨비 신학"(spectral theology)에 관한 부록을 어쩔 수 없이 추가해야 한다는 점은 어색하다.[4] 하지만 그것이 옳다. 하느님 죽음에 대한 위대한 예언자인 니체 스스로도 하느님의 영이 어른거린다고 인정할 수밖에 없었다. 종교적 사상들, 적어도 그중 매우 중요한 것들은 어느 정도 불멸성을 지니고 있다. 이데올로기들은 패배하기도 하고, 의심 받아 추방되기도 한다. 과학 이론들은 타파되면 잊혀진다. 하지만 유럽인들은 두 번의 천년기가 지나도록 이전 종교의 신들을 여전히 기억하고 있으며, 또한 아이들이 잠들기 전에 침대 옆에서 이야기를 읽어줄 때면 우리는 그보다 훨씬 더 오래된 동물들과 영들의 힘에 대한 생각을 떠올리게 된다.

기독교 사상을 지배하고 유지하던 이전의 고정점, 즉 "절대성들"의 경우, 이들 이전의 사상들이 이제는 죽었고, 의심 받고 있고, 사라졌다고 말하는 경우에도 우리는 어쩔 수 없이 이들에 귀를 기울이게 되고 이들이 영속하도록 한다. 내가 불자가 되어 이 세상의 모든 것이 궁극적으로 무상하다고 말한다면, 내가 그렇게 말한 것이 우리 안에 고정되고 영원한 무언가에 대한 오래된 갈망(the old yearning for Something fixed and eternal)을 일깨우고 활성화하는 효과가 있다. 그것은 죽었다. 그것은 불가능하다. 그것은 존재할 수 없다. 우리는 그것을 가질 수 없다. 그것은 아무것도 아니다. 그렇지만 이전의 잃어버린 사랑은 여전히 죽기를 거부한다.

---

4) '유령론'(hauntology), '허깨비 신학'(spectral theology)에 대해서는 Jacques Derrida, *Specters of Marx*를 보라. 이 대목의 배경인 성육신 자체가 하느님이 죽음을 선택한 것이고, 전체 기독교가 세속적 휴머니즘으로 축소된 것이라는 주제에 대해서는 T. J. J. Altizer의 여러 글들을 보라.

그래서 나는 내가 여전히 다른 불가능한 사랑(other impossible loves)을 갈망하는 것처럼 여전히 죽은, 불가능한 하느님(the dead, impossible God)을 사랑한다. 문제는 과거에 있었던 것보다 현재에 관한 실재가 훨씬 적기 때문에 적어도 내 마음에서는 우연히 실제인 것과 우연히 실제가 아닌 다른 모든 것들, 혹은 불가능한 것들(그렇지만 여전히 희망 없이 사랑받는 것들) 사이에 그다지 큰 차이는 없다는 것이다. 인생은 성가신 그림자들로 둘러싸여 사는 연옥과 같다. 그렇지만 그런 그림자들에 우리를 끌어내리도록 허용할 필요는 없다. (아름다운 문구가 말하듯이) **신경 쓸 필요 없다**(let go). 그냥 편하게 살면 된다. 행복하게 죽는 것, 그것이 내가 기대할 수 있는 모든 것이고, 그것이 또한 당신을 위한 모든 것이다.

23. 잊어라! 잊어라!

　오늘날에는 자기 아들에게 할례를 행하고 싶어 하지 않는 아버지 이야기를 흔히 듣게 된다. 심지어 1990년대에 미국의 국무장관이었던 매들린 올브라이트(Madeleine Albright) 같이 중년이 되어서야 자신들이 실은 유대인이었다는 사실을 처음 깨닫게 되는 경우도 있다. 부모들이 자녀들에게 그 사실을 알려주지 않기로 결정했기 때문이다. 전 세계 어디에나 스스로 난민이라 여기면서 조상의 문화, 종교, 언어 그룹으로 돌아가 자기 뿌리를 찾고 싶어 하는 사람들이 많이 있다. 한편 자기가 속한 소수 집단이 부당한 대우를 받고 있는지에 대해 언제나 염려해야 할 정도로 역사의 짐이 너무 버거워 더 이상 그런 짐을 등에 지고 싶어 하지 않는 사람들도 많다. 이전의 언어, 관습, 그리고 고이 간직해 온 그 모든 공통의 고충들, 즉 뭉뚱그려 이전의 문화는 케케묵은 낡은 것으로 보이는 것이다. 그 모든 것을 그저 잊어버리는 것이 나을 수도 있다. 그래서 미국의 정착민들 중에는 그냥 평범하게 앵글로색슨이라고 불리지만, 사실은 다른 민족 출신인 경우가 많이 있다. 한두 세대 정도는 이전의 민족 문화를 익히고 연관성을 이어가려는 시도를 하기도 한다. 하지만 시간이 흐르면 성을 앵글로화하고 조용히 과거를 잊는 것이 편하다는 것을 알게 된다. 어쩌면 이들이 옳을 수도 있다. 뭐 하러 필요하지도 않은데 희생당한 기분으로 평생을 보내려고 하겠는가?

　우리는 과거에 우리 스스로를 동일시했던 다양한 전통들이 사실 그렇게 훌륭하지는 않았다는 느낌을 종종 받게 된다. 예를 들어, 베니스를 방문하게 되면 유럽의 전통 전체가 마지막 쇠퇴의 단계에 있다는 인상을 받게 될 수도 있다. 얼마나 훌륭한가? 그리고 우리는 얼마나 향수에 젖어야 하는가? 물론 굉장히 훌륭한 예술이다. 그렇지만 매우 뒤죽박죽인 다양한 전통에서 나온 예술이며, 주로 부와 권력을 과시하기 위해 만들어진 예술이다. 오늘날 많은 사람들은, 우리에게서 빠르게 멀어져가는 문화 예술을 이해하기 위해서 고대 신화에 대해, 기독교 신화에 대해 배우는 데에 별 관심이 없다고 말한다. 그리고 베니스의 사회 체제, 즉 정치, 도덕, 치안, 감옥, 전염병 등을 생각해 보면, 오늘날 우리는 왜 워즈워스가 그 유명한 시에서 이 도시를 그토록 칭송했는지 의아해진다. 여러 면에서 이 도시는 역겹다. 예술은 아름답다. 하지만, 하지만, 하지만, … 하지만이 너무나 많다.

범위를 좀 더 넓혀보면, 19세기 영국의 전통에서 예술의 역사를 창작한 사람들은 과거의 주요 양식을 모두 열광적으로 재활용한 역사적 건축물에서 큰 기쁨을 누렸다. 하지만 결국엔 과거를 잊고자 하는 다른 사람들에 의해 역사적 건축물에 대한 저항이 있었고, 오늘날 새로운 재료와 기술로 새로운 세상에서 어떤 새로운 일을 할 수 있는지 탐구하게 되었다. 따라서 우리는 배리(Barry)의 의사당 같은 건물 짓기를 멈추었고, 대신 세인트 메리 엑스(St Mary Axe) 거리에 있는 노먼 포스터(Norman Foster)의 스위스 리(Swiss Re) 같은 건물을 짓기 시작했다.

종교와 도덕 분야에서도 '역사적' 양식에 대해 그와 비슷한 저항을 떠올릴 수 있을까? 의외로 니체는 로마 가톨릭 신학과 윤리에 대해, 그리고 서양의 기독교 영성 전통 전체에 대해 매우 우호적이었다. 니체는 기독교가 실제로 가졌던 것보다 훨씬 많은 지적 도덕적 일관성을 가졌다고 여겼다. 두 세기 동안의 현대 비판적 신학을 거치며 우리는 기독교 전통이 언제나 불완전하고, 엉망으로 만들어졌고, 핵심 부분에서 명백히 잘못된 '정통주의'와, 이와는 크게 다른 신학 및 도덕 사이의 계속되는 논쟁으로서 마구 어질러진 혼잡 상태임을 인정할 수 있는 힘을 갖추게 되었다. 이제 우리는 용기를 내어 이렇게 말해야 한다. "잊어라! 우리가 더 잘 할 수 있는가 보자." 우리는 우리의 전통을 숭배했고, 우리 자신이 그 전통에 매여 있다고 여겼다. 하지만 이제 우리는 우리가 완전히 다른 조건에서 사는 완전히 다른 사람들이라는 것을 안다. 우리의 세계관과 가치관은 크게 달라졌고, 모든 곳에서 이전의 종교 전통이 빠르게 떠나고 있다는 것이 더 이상 놀랍지 않다. 그런 전통이 한때 훌륭한 예술을 양산했을 수는 있다. 하지만 다시 그리로 돌아가고 싶지는 않다. 그 중 남은 것들은 이제 관광산업이 원하는 대로 활용할 수 있도록 넘겨야 한다. 종교에 여전히 진지한 우리 같은 사람들은 과거와 단절하고 뭔가 나은 것을 만들기 위해 노력해야 한다. 그리고 나는 내가 잘 아는 종교 기관으로부터 안전과 승인을 얻기를 비장하고 켕기는 마음으로 바랐던 것이 그저 인간적인, 너무나 인간적인 것이라는 느낌을 받는 일을 더는 하고 싶지 않다. 옛 종교들은 더 이상 아름답지 않다. 그 종교들은 추하게 되었으며, 사람들은 그런 종교들에서 벗어날 필요가 있다. 이것이 내가 요즘 들어, 사람들에게 짐을 지우려 애쓰거나 사람들에게 죄책감을 지우지 않는 첫 번째 종교 사회와 더불어 내 시간을 그렇게나 많이 쓰는 이유이다.

태양처럼 살아가기와 문화 갱신

24. '정체성' 없이 사는 법 배우기

전통적으로 우리는 여러 세기에 걸쳐 내가 세계주의(globalism)와 지역주의(localism)라고 부르는 두 가지 사고방식 사이를 왔다 갔다 했다. 세계주의자들은 전 세계 모두에 통하는 보편적인 단일한 이성 법칙, 자연 법칙, 도덕 원리를 보고 싶어 한다. 하지만 이에 대한 반작용으로 지역주의자들은 지역 간의 차이를 강조하고, 우리에게 우리 자신의 문화 전통, 즉 세계를 바라보는 우리만의 특유한 시각, 우리의 신앙, 관습과 동일시(identify)하라고 말한다. 무엇보다도 우리는 우리를 나머지 인류와 **구분짓고**(differentiate) 우리를 함께 묶어주는(bind) 모든 것을 찾아 거기에 매달려야 한다. **다름**이 **같음**보다 더 중요하고 가치 있는 것이다.

내가 설명하고 있는 대조는 히브리성서에서 흔히 볼 수 있다. 세계주의 또는 보편주의 주장은 일부 후기 예언서와 성문서에서 발견할 수 있으며, 인류 전체를 향해 나아가는 종교 비전을 표현한다. 반면 지역주의 주장은 하느님이 이스라엘 민족을 선택한 것과 그들에게 주어진 특별한 과제와 운명에만 집중한다. 히브리성서가 세계주의의 극단으로 간다면 아담에 관해 이야기하게 되며, 이 경우 성서는 모든 인류를 위한 책이다. 히브리성서가 지역주의의 극단으로 간다면 극단적인 민족 중심주의가 되며, 유대인을 다른 민족과 구분짓는 온갖 제의 준수 규정을 만들고, 너희 백성과 너희 하느님의 관계가 너희의 생애 전체를 다스리는 근본적인 사실이라고 말한다. 너희들에게는 유대인됨이 모든 면에서 가장 중요하고, 보편적인 인간됨은 그 다음인 것이다. 이것이 고전적인 "정체성 정치"(identity politics)이다.

좀 더 최근의 서양 전통에서는 아이작 뉴턴의 물리학의 위대한 승리 덕분에 한 세기 이상 서양 세계에서 세계주의가 우세하게 되었다. 뉴턴은 보편적인 수리 물리학이 가능하다는 것을 증명했다. 뉴턴은 우주 어디서나 국소 운동은 모두 단순하고 명확한 수학 규칙 몇 개의 지배를 받는다는 것을 보였다. 자연은 명확하게 예측 가능한 기계인 것이다. 마찬가지로 우리 인간이 살아가는 세상의 전체 구조 역시 잘 설계된 훌륭한 것으로 보였다. 보편적 이성 법칙과 자연 법칙이 존재하는 것이고, 우리 인간의 법과 도덕 조항들 역시 같은 양식을 따르며 어디서나 똑같아야 하는 것이다. 사람들은 국제법에 대해 이야기하기 시작했고, 보편적인 "인권" 선언을 작성했다.

세계주의는 미국혁명과 프랑스혁명의 언어에서, 그리고 유대인 학자인 모제스 멘델스존(Moses Mendelssohn, 1729-1788)의 작업에서 최고조에 이르렀다고 말할 수 있다. 당시에 일부 앞서가는 유대인들은 자신의 유대인으로서의 정체성(identity)을 포기하고 자유주의 개신교에 완전히 동화될 생각을 하기도 했다. 이는 오늘날 우리로서는 상상하기 힘든 일이다. 왜냐하면 19세기에는 유대인들 사이에서뿐만 아니라 여러 나라에서도 메시아 민족주의(messianic nationalism)의 출현이라는 지역주의의 급격한 반작용이 있었다. 너희 민족은 특유한 언어, 역사, 문화, 예술 전통 등을 가지고 있고, 따라서 너희들은 민족의 영예, 독립, 주권을 위해 너희 삶을 희생할 준비가 되어야 한다. 실제로 민족주의와 민족정신 예찬은 매우 강력한 세속 종교가 되었다. 민족 중심주의는 신성한 의무였다.

극단적 민족주의로 인해 세계 전체가 서로 다투는 국가들로 갈라졌고,

각각의 국가는 자신의 유익만 생각했다. 하지만 얼마 안 가서 반작용이 일어나 국제적인 생각을 가진 사람들이 민족 이기주의를 저지하고 국제법, 국제협약, 국제기구 등을 발전시켰다. 이것이 대강의 우리의 현주소이다.

이와 같은 정치의 역사는 종교의 역사에도 반영되었다. 그 첫걸음으로 계몽주의 학자들이 거대한 영토, 언어, 문화, 역사, 교리, 제의 등을 갖춘 세계 주요 종교 목록을 처음 작성했다. 따라서 현대적인 민족국가가 수립됨에 따라 일종의 영적 국가로서의 현대적인 종교 개념도 함께 수립되었다. 사람들은 자신들이 태어날 때부터 신성한 영토, 즉 기독교세계나 이슬람이나 힌두나 불교 세계, 또는 "물신 숭배"나 "정령 숭배" 등에 속하게 되었음을 깨닫게 되었다. 언어, 문화, 종교, 조국 등은 모두 우리의 생득권의 일부였다. 오늘날에는 생득권이라는 용어가 특이하게 사용되면서, 우리가 우리 자신을 그런 언어나 문화, 종교 등을 통해 인식하기 때문에, 우리는 그런 것들을 우리의 '정체성'(identity)이라고 말하도록 배웠다.

이것은 치명적인 전개였다. 왜냐하면 때가 되자 세계 곳곳의 사람들은 자기들 고유의 종교를 자기들의 고유한 **유산**으로 인식하게 되었기 때문이다. 사람들은 자기의 종교에 대해 알아야 했고, 그 종교에 대해 자부심을 가져야 했다. 그 결과 정치에서 "우리 민족"이라는 개념이 과격한 민족주의의 모판이었던 것처럼, 사람들은 자기들 고유의 종교적 유산에 대해 과격해지고 독단적이게 되었다. 자기의 종교에 대해서는 의문을 가지거나 비판해서는 안 된다. 그저 싸워 지켜야 한다. 따라서 유대교는 '시온주의'를 낳았고, 이슬람은 '이슬람주의'를 낳았으며, 힌두교는 과격한 인도 인민당(BJP) 힌두 민족주의를 낳았고, 그 결과 불교 승려들까지 거리 시위에 나서게 되었다. 종교가 우리의 유산인 거대한 문화적 블록(cultural bloc)이자 우리가 우리 자신의 **정체성을 확인하는** 통로 개념으로 만든 것은 서양이었고, 또한 객관화한 종교를 공격적이고 과격한 민족국가주의 이데올로기로 변화시킨 것도 서양이었다. 따라서 20세기 초반에 민족국가들이 서로 싸우던 세계가 20세기 후반에 이르러서는 가끔 영토에 대한 주권을 놓고 싸우기는 하지만 주로 종교적 정체성 때문에 싸우는 세계가 되었다.

실제로는 이보다 더 안 좋다. 20세기 중에 15억에서 60억까지 엄청난 인구팽창이 있었기 때문에, 기술 발전, 정치적 격변, 값싼 대중교통 등이 어우러져 대단히 큰 규모의 인구 이동이 일어났다. 이러한 이동은 모든 대규모 국가들, 특히 서양의 대규모 국가들을 제국으로 변화시켰다. 국가는 민족적으로 또한 종교적으로 동종의 사람들의 집단으로서, 모두가 같은 핏줄이라 느끼고, 실제로 모두가 혈통적으로 서로 연결되어 있다. 반면에 제국은 하나의 정치권력 아래 매우 다양한 민족적, 문화적, 종교적, 언어적 배경의 수많은 사람들을 끌어안는다. 따라서 한때 영국은 국가였고 스스로도 국가라고 여겼지만 이제는 점점 제국이 되어 가고 있다고 느낀다. 그런데 더 나아가 우리가 깨닫게 되는 것은 종교가 무엇인지에 대한 우리의 현대적 개념 때문에, 각각의 주요 신앙에 속한 사람들은 자기들 주변에 자기들 전통으로 구성된 사회문화적 세상을 구축하려고 노력하게 된다는 것이다. 그리고 기독교인들이 오래도록 영국의 사회와 문화생활 전체를 기독교화하고자 했던 것처럼, 오늘날 무슬림들이 영국을 이슬람 국가로 만들고 싶어 하는 것은 너무나 자연스러운 것이다. 심지어 유대인들도 현재 숫자는 적지만, 어느 한 구역에 장대들(eruv)을 세우고 그것들을 줄로 연결시켜서 그 구역 전체를 확장된 유대인의 집으로 만드는 것을 허가받기 위해 시도하는 것이 가능해졌다.

그러므로 현실적인 모순이 일어난다. 영국은 제국처럼 되었고, 따라서 나는 한편으로는 제국의 문화적 풍요함과 다양성 안에서 제국의 삶을 살아간다. 이는 마치 "모든 것이 어디에나" 있는 것 같다. 즉 인간의 온갖 다양한 목소리와 행위를 연구할 경우에 오늘날에는 이에 빠르게 접근할 수 있는 것처럼, 오늘날 현대화된, 200가지 언어가 있는 도시인 런던에서는 세계의 거의 모든 민족, 문화, 종교를 볼 수 있다. 하지만 어느 한 종교 집단이 전체를 지배하는 것, 인간 세계 전체를 그 한 종교의 이미지로 변경하는 것은 불가능해 보인다. 우리 모두는 다른 집단 속의 한 소수 집단의 일원으로 사는 법을 배워야 한다. 우리 모두는 다른 사람들을 인정해야 하고, 또한 우리가 충성해야 할 국가의 (제한된) 주권도 인정해야 한다.

과거에는 서로 경쟁 관계인 여러 종교적-민족적 집단들이 한 제국 안에 공존해야 했을 때, 마찰을 줄이는 통상적인 방법은 분리(segregation)였다. 제국의 수도는 '구역'별로 나뉘었고, 민족 집단들은 서로 다른 마을에서 살았다. 이는 오늘날에도 여러 곳에서 쓰이는 해결책이다. 하지만 역동적이고 빠르게 발전하는 사회에서는 분리가 곧 불평등이 되고, 불평등은 강렬한 정치적 동요(political unrest)를 부른다. 따라서 내 생각에 우리는 현대의 경험을 통해 종교에 대한 이해를 바꿀 필요가 있다. 우리는 우리의 고유한 종교 전통 안에 배타적이고 최종적으로 계시된 진리(an exclusive and final revelation of Truth)에 기초하여, 우리의 절대적이고 배타적인 충성(absolute and exclusive allegiance)을 요구하는 완벽한 문명을 축소된 형태로 이미 가지고 있다는 생각을 포기할 필요가 있다. 나아가 우리는 우리가 인간이라는 정체성이 종교에 대한 우리의 헌신을 통해 우리에게 주어진다는 생각을 포기할 필요가 있다. 그것이 바로 내가 말하는 "정체성 없이 사는 법 배우기"이다. 우리는 **내적으로** 세계화될 필요가 있다. 오늘날에는 "모든 것이 어디에나" 있으므로 나는 내 정체성(identity)을 잃고 모두(everyone)와 아무나(anyone)가 되려고 한다. 매우 국제적인 삶을 사는 사람들은 이미 정체성 없이 사는 법을 배우고 있으며, 또한 그것이 금방 자신들의 두 번째 본성이 된다는 것을 발견하고 있다.

10년 전에 나는 유대교와 기독교의 대화를 시도하는 좌담회에 글을 써 달라는 부탁을 받았다. 그 글에서 나는 하나는 **유대교**, 하나는 **기독교**라고 하는 거대한 두 존재가 둘 다 변하려는 의지가 없는 일종의 완성된 블록으로서 참여한다는 것에 대해 달갑지 않다는 까칠한 글을 일부러 적었다. 미안하기도 하지만 어쩔 수 없다. 종교계를 그런 식으로 가르고서 종교의 차이에 대해 논하는 것은 부적절하다. 우리 사회는 더 이상 벽으로 막힌 게토에서 사는 삶이 아니다. 모든 것이 어디에나 있고, 모든 것이 뒤섞여 있다. 우리 중 누구도 자신의 전통에 특별한 접근권을 주장할 수 없다. 오히려 당신의 전통에 내가 접근할 수 있는 것처럼 나의 전통에 당신이 접근할 수 있다. 진리에 대한 특별한 접근이라는 생각은 이제 끝났다.

모든 것이 용광로 속에 있고, 모든 것이 뒤섞여 있으며, 그래서 나는 이러한 뒤섞임에서 무엇이 나오게 될지 묻고 싶다. 우리는 어디로 가게 될 것이며, 종교의 미래는 어떤 형태가 될 것인가?

다음은 내가 10년 전에 쓴 글이고, 나는 지금도 이렇게 생각한다.

유대인과 기독교인의 대화에 대해 이야기하는 것은 이제는 너무 늦은 것일까? 흔히 그렇듯이 이 문구에서 우리는 어느 정도 나이가 있고, 주로 남자들이고, 서로 다른 두 신앙 공동체를 대표하는 사람들 사이의 친밀한 대화나 협상을 떠올리게 된다. 대화의 목적은 일부 공통점을 찾고 우호적인 관계를 수립하는 것이다. 간단히 말해서, 서로 다르기로 동의하는 것이다. 왜냐하면 이 두 공동체가 영원히 구분된 채로 남기로 작정했다는 것이 암묵적으로 당연시되기 때문이다. 우리가 모이는 목적은 어떻게 하면 우리가 가장 평화적으로 떨어져 지낼지에 동의하기 위해서다. 어느 쪽도 무언가에 타협할 것으로 기대되지 않는다. 왜냐하면 종교에 대한 충성은 국가에 대한 충성과 마찬가지로 여겨지거나, 심지어 더 중시되기 때문이다. 종교는 사람들이 말하는 '정체성'(identity)이자 '절대성'(absolute)이다. 이 말은 우리가 종교를 통해서 자기가 누구인지를 독특하게 주장하고, 세상 속의 우리 자리와 인생 속의 우리 과업을 발견한다는 뜻이다. 따라서 종교가 요구하는 도덕이 다른 모든 요구보다 우위에 선다. 그러므로 서로 다른 종교 집단 대표들의 협상은 서로 다른 주권 국가 대표들의 외교 협상과 같다. 대화는 두 주권 집단 사이의 평화롭고 우호적이고 상호 협력적인 관계를 수립하는 쪽으로 흐른다. 하지만 주권 자체는 당연하게도 협상 대상이 아니다. 주권은 절대적이고, 고유의 '정체성'(identity)이며, 거의 영원한 본질이며, 대체되거나 스러질 거라고 상상할 수 없는 것이다. 국가가 주권을 주장하는 것은 생사가 걸린 것이다. 주권을 위해 우리는 순교를 받아들이거나 심지어 (오늘날에는) 테러에 관여될 준비가 되어 있어야 한다.

지역 집단에 대해 무조건 충성한다는 이런 오래된 생각은 후기 근대(late-modern) 세계에서도 다양한 형태로 여전히 발견된다. 우리는 이를 근본주의, 부족주의, 공동체주의, 민족 중심주의 등으로 부를 수 있고, 이를 통해 인간에 대한 난감한 모습을 볼 수 있다. 사람들이 모여 무조건적 충성을 바치는 지역 신, 민족, 또는 다른 대상은 소멸 위기의 언어나, 민족 집단이나, '종족'이나, 종교 집단이나, 민족국가 등이 될 수 있다. 그리고 이들 '절대적' 충성의 중심은 다양한데다 서로 경쟁적이어서 그 영역들이 매우 쉽게 겹쳐질 수 있고, 따라서 개인들의 마음속에 격렬하고 고통스런 갈등을 일으키게 된다.

이제 나는 이러한 상황과 관련하여 몇 가지 주장을 제시하려고 한다.

내 주장은 그간의 누적된 결과 때문에, 우리가 '회당'과 '교회,' 그리고 이 둘 사이의 대화에 대한 준정치적(quasi-political)이며 매우 구체적인 사고방식을 포기해야 한다는 것이다. '종교'를 마치 하나의 고립된 주권 국가처럼, 작고, 구별되고, 변하지 않고, 자기 동일성을 갖고 있으며, 닫힌 이데올로기 세상(closed ideological world)으로 보며, 그 세상 안에 사는 사람들이 신앙에 관해 이견이 없는 것처럼 이해하는 종교 개념은 죽었다. 오늘날 '유대인들'이 정확히 누구인지, 또는 누가 공식적으로 인정되고 보편적으로 받아들여진 대표들인지 분명하게 말할 수 없다는 것은 주지의 사실이다. 유대인의 구성원 자격을 잃었거나 신앙이 어중간한 위치에 있는 사람들이 너무나 많다. 이는 '기독교'와 '교회'의 경우에도 마찬가지다. 내가 주장하는 것은 만약 우리가 '유대교'와 '기독교'를 각각 자기들의 문헌을 가지고 있으며, 자기들의 신앙 형태와 독특한 양식을 가진, 서로 구분된 전통으로 계속 여기고 싶어 한다면, 우리는 이 둘이 빠르게 '플라톤주의'(Platonism)처럼 되고 있다는 점을 인식해야만 한다는 것이다. 왜냐하면 그들(유대교와 기독교)이 서로 다른 믿음의 공동체로 나타나던 것이, 점점 그 구분이 덜 명확해지면서 점점 닮아가고 있기 때문이다. 그들은 역사적으로 진화하는 전 세계 문화 전통이라는 보다 폭넓은 영역 안에서 상대적으로 잘 변하지 않고 동일시 가능한, 사고의 가닥들이 되어가고 있다. 따라서 그들은 더 이상 하나의 영토나 조직으로 엄격하게 묶이지 않으며, 모두가 자유롭게 접근할 수 있고, 모두의 사고의 일부인 공적 자산(public property)이 되어가고 있다. 이런 점에서 나 자신은 많은 유대인들만큼 유대인이며, 많은 불자들만큼 불자이다. 오늘날에는 분명히 우리 모두가 "대중을 (우리들 안에) 담고 있다."

  위대한 전통이 마침내 모든 인류에게 속하게 되었다. 얼마 전 아테네에서 아리스토텔레스의 뤼케이온(Lyceum, "아폴로 뤼케우스," 즉 늑대-신 아폴로에게 봉헌한 신전) 부지를 발견했을 때, 지역 정치가들은 그 유적이 "고대 그리스 문명의 연속성을 증언한다"고 떠들어댔는데, 그 말 속에는 자신들과 유권자들이 페리클레스와 플라톤의 진정하고 적법한 후손이자 후계자라는 뜻이 포함되어 있다. 그렇지만 실제로는 세계 각지의 사람들이 현대 그리스의 정치가들과 철학자들의 지도 없이도 스스로 플라톤과 아리스토텔레스를 공부할 수 있다고 여기는 것 같다. 마찬가지로 최근 들어 기독교에 관한 최고의 글은 기독교인이나 전통적인 학자들로부터 나오지 않는다. 최고의 글은 탈기독교인들(post-Christians)에게서 나오며, 이렇게 된 지 오래 되었다. 이는 현대 그리스인들과 이집트인들이 그들의 고대 조상들과 같지 않은 것과 마찬가지로, 현대 기독교인들도 그들의 위대한 전통의 시대부터 세상 속에서 몰락해왔기 때문이다. 그렇다면 우리는 '기독교인들', '무슬림들', '유대인들'이 민족국가처럼 서로 크게 구분되는 세 공동체이며 각각이 자신들의 변함없는 핵심 전통인 종교적 도덕적 지혜에 특별한 접근권을 가진다는 생각을 포기하는 것을 고려해 봐야 한다. 16세기경까지는 실제로 그랬다. 다른 주요 전통에 대해 배우고 싶다면, 그곳에 가서 그 전통의 학식 있는 사람 앞에 앉아야 했다. 하지만 오늘날에는 출판된 책도 많고, 정보들이 전 세계 어디나 무상으로 보급되어 있고, 문화가 세계화되어 모두가 모든 것을 마음껏 사용할 수 있다. 우리는 이제 무엇이든 될 수 있고 모든 것이 될 수 있다. 적어도 우리 중 대부분은 문화적 종교적 하부 세상이나 게토에 국한되지 않고 있으며, 또한 국한되고 싶어 하지도 않는다. 유대교와 기독교는 플라톤주의와 불교처럼, 누구나의 생각 속에서든 가닥들이 되어가고 있다. 역사적으로 전달된 배타적이고 변하지 않는 종교적 '정체성,' 즉 특별한 민족 가운데 독점적으로 담긴 유일한 진리 체계라는 낡은 사고는 빠르게 스러지고 있다.

에큐메니칼 종교간 대화에서 우리를 대표하는 것으로 선택된 사람들이 언제나 변호사들처럼 생각하는 매우 신중하고 보수적인 인물이라는 것이 신기하지 않은가? 전통이 죽어가는 세상에서 극단적인 전통주의자들이 우리를 대표할 때 우리는 가장 안전하게 느끼는 것 같다. 우리는 가장 우리의 대표 같지 않은 사람들이 우리를 대표하기를 바란다. 이는 마치 우리가 더 이상 서 있지 않은 입장을 그들이 계속해서 우리를 위해 변호해주기를 바라는 것과 같다.

그렇다면 무슨 일이 일어난 것인가? 초창기에―우리가 듣기로는―종교는 단일 문화(monocultural)였고 단일신(henotheistic)을 믿었다. 각 민족들(ethne, 헬라어로 민족이라는 뜻)에게는 자신들의 언어와 자신들의 거룩한 영토와 자신들의 신이 있었다. 정체성(identity)은 너무도 명확해서 다른 영토로 이주하여 다른 민족 가운데 거주할 경우, 새로 온 사람들은 원주민에 속하게 되었고, 그들이 섬기는 신도 원주민의 신으로 바뀌었다(룻 1:15 이하, 삼상 26:19 등을 보라.) 종교가 철저히 민족과 영토와 관련되어 있다는―적어도 이상적으로는 그래야 한다는―생각은 오늘날에도 살아있다. 사람들은 여전히 종종 기독교세계나 이슬람 같은 용어를 영토에 속한 것으로 사용하며, 프랑스나 이탈리아 같은 나라를 "로마 가톨릭 국가"라고 말한다. 이들 나라의 정치인들은 국내 인구 중 실천적 무슬림의 숫자가 실천적 가톨릭 신자의 숫자보다 조만간 많아지거나 어쩌면 이미 많아졌다는 사실을 공개적으로 인정하는 것이 쉽지 않다고 여긴다. 몇 년 전 이탈리아에서는 일부 정치인들이 가톨릭 신앙을 전혀 실천하지 않는데도 불구하고 로마의 첫 번째 주요 모스크 개회식에 참석할 수 없다는 것을 알게 되었다. 이들은 가톨릭 국가에서 비가톨릭(non-Catholics) 신자로 사는 것에는 익숙했지만, 사회가 변하여 그들이 무슬림 국가에서 비무슬림(non-Muslims)이 될 수 있다는 생각은 받아들이지 못했다.

진정한 종교와 영토성에 대한 우리의 생각은 기묘하게 혼란스러워졌다. 1500년 이상의 기간에 걸쳐 유대인들은 고대의 신앙을 가졌으면서 자신들의 영토를 잃고 기독교세계, 이슬람, 그 밖의 지역에서 분리된 형태로 살아남은 사실상 가장 주요하고 가장 확실한 사례이다.[1] 유대인들은 자신들의 성지를 소유하지 못했다는 점만 빼고, 다른 모든 방식으로 스스로를 유대인이라 여겼고, 또한 다른 사람들로부터 유대인이라고 간주되었다. 어떤 사람이 유대인이 되는 것은 혈통을 통해, 공동체에 소속됨으로써, 언어, 경전, 관습, 문화 전통 등을 통해서였지, 영토를 통해서는 아니었다. 유대인들은 종종 집 없이 흩어진 도피자로 여겨졌고, 그 디아스포라 상태, 집 없는 상태가 영원할 것처럼 보였다. 자신의 정당한 성지로부터 추방당한 것은 불쌍해 보였다. 그러다 회복이 찾아와 이스라엘 국가가 수립되었고, 예언이 멋지게 성취되는 것처럼 보였다. 하지만 50년이 지난 지금, 유대인들 모두가 귀환을 바라지는 않았으며, 이스라엘을 방문한 사람들은 그 사회가 얼마나 세속적인지, 또한 토라에 대해 얼마나 무관심한지를 보며 놀라게 된다. 유대교는 자신의 소망이 성취된 이후에 살아남을 수 없는 것일까? 자신의 거룩한 땅에 대한 소유권을 회복한 것이 종교적으로는 안 좋은 일일까? 미국과 같은 나라들에서는 디아스포라 유대인들이 다른 민족과의 결혼을 통해서나 주류 문화에 완전히 동화됨으로써 반세기 안에 사라질 것이라는 우려가 한동안 있었다. 그런데 우리는 오히려 반대 방향에서 더 나쁜 위험이 다가오는 것을 보게 된다. 이스라엘로 귀환함으로써 유대교가 실현된 뒤, 유대교가 사라지고 있는데, 그 이유는 유대교의 과거의 귀한 종교적 가치들이 지

---

[1] 인도의 파시 교도들(Parsees)이 또 다른 사례이다.

금은 전투적 민족주의 정치(militant nationalistic politics) 속으로 사라져버리고 있기 때문이다.

따라서 유대교는 심연 사이에서 딜레마에 빠져버렸다. 미국과 '서양'에서 전반적으로 유대교는 플라톤주의처럼, 세계화된 세계 역사의 새로운 문화 속에서 그저 한 가닥이 되어가고 있다. 유대교는 그저 보편 강의 과목의 일부, 모두의 유산의 일부가 되고 말 것이고, 더 이상 눈에 보이는 구분된 인간 사회 속에서 구체화되지 않을 것이고 그럴 필요도 없을 것이다. 반대쪽 극단에서는 이스라엘에서도 유대교가 사라지고 있다. 단일 민족의 신정 국가 사회(mono-ethnic theocratic state society)라는 고대의 꿈은 종교적 가치들을 정치적 가치들로 바꾸지 않는 한, 현대 세계에서는 실현될 수 없다.

오늘날 이슬람 역시 당연히 같은 딜레마에 빠져 있고, 기독교도 마찬가지다. "기독교 국가"라는 이상은 쇠퇴하며 사라지고 있다. 전반적으로 서양 사회에서 기독교 전통은 모두의 문화유산 속에서 그저 한 가닥일 뿐이다. 교회에서 살아남은 것은 너무나 많이 축소된 나머지 과거의 '위대한' 전통에 대해 특별한 권리도 없고 지식도 없다. 그렇다면 유대교와 기독교의 대표로 공식적으로 지명된 사람들 사이의 대화는 주로 서로를 부정(denial)하는 것이 될 것이다. 이들은 전통적인 종교의 가치가 온전히 보존되어 있는 이전 스타일의 고유한 동종의 신앙 공동체가 여전히 존재하는 것처럼 행동할 것이지만, 우리 모두가 "미디어화"(mediatized) 되어서 새로운 미디어 문화에 잠겨 있는 세상에서 그것은 사실이 아니다. 그리고 우리가 사라져 버린 닫힌 세상에 대한 기억에 매달리는 한, 조상 대대로 유대인이었고 조상 대대로 기독교인이었던 우리 모두가 세계화된 새로운 세계 문화 속에서 우리 앞에 놓인 과제에 대해 논하는 것은 불가능할 것이다. 우리의 종교 간 대화에서 우리는 우리가 실제로 여전히 서로 다르고 여전히 우리의 고유한 '정체성'(identity)을 가지고 있다는 점을 재확인하기 위해 노력한다. 하지만 현실은 세계 문화의 동일화 과정이 우리 모두를 삼키고 있다는 것이다. 우리는 점점 더 닮아가고 있다. 우리가 간절하게 향수를 느끼는 오랜 유형인 고유한 민족적이고 종교적인 정체성(ethnic and religious identities)은 빠르게 사라지고 있다.

이와 같은 고통스런 사례에서 오늘날 종교의 위기가 얼마나 심각한지를 알 수 있다. 유대인들을 "열방의 빛"(a light to the nations)으로 본 것은 옳았다. 왜냐하면 종교 사상의 특정 보편 구조의 경우 오랜 기간 유대인들이 너무도 분명하게, 그리고 고전적으로 우리에게 모범이 되어 주었기 때문이다. 그 핵심 사상은 투명한 통제 원칙과 모든 것을 제정하고 현재 모든 것을 다스리는 충성의 중심인, 신을 군주로 하여 그 아래 통합된 영역이다. 군주의 권력은 모든 것을 통합하고 거룩하게 만든다. 즉 거룩한 땅, 거룩한 백성, 신성한 언어, 거룩한 율법책 등으로 만드는 것이다. 신성한 영역과 부정한 영역 사이에 분명한 선이 있고, 이 선이 내부자와 외부자를 분리한다. 그렇게 민족에 대한, 모국어에 대한, 땅에 대한, 거룩한 도시에 대한, 하느님에 대한, 기타 등등 우리의 다양한 충성이 온전히 통합된다.

이와 같은 방식이 농업문화가 시작될 때부터 기원후 1500년 정도까지 대부분의 시간 동안 세계 각지에서 만연하였다. 히브리성서는 이러한 체제가 이스라엘 버전으로 (꽤 늦게) 수립되는 것을 매우 명확하게 기술하고 있고, 그 내용을 우리 마음속에 우리가 열망하는 이상으로서 지워지지 않도록 기록하고 있다. 이것이 우리가 바라는 것이다. 이것이 인간이 살아가야 하는 방식이다. 이것이 정체성을 가진다는 것이다. 이것이 우리가 어디에 속하는지, 누가 우리의 친구인지, 누가 우리의 적인지, 우리가 어떻게 살아야 하는지를 아는 것이다.

하지만 이제는 이 모든 것이 빠르게 사라지고 있다. 1980년에 배핀 섬(캐나다)에 있는 이누잇(즉 '에스키모') 초등학교를 방문했을 때 아이들이 배우는 과목들, 문화, 언어, 대중음악이 당시에 케임브리지에서 초등학교에 다니던 우리 막내딸이 배우는 내용과 별 차이가 없다는 것을 발견하고서 나는 이 점을 처음으로 깨달았다. 우리가 우리의 정체성에 매달리는 이유는 정체성이 너무나 빠르게 사라지고 있기 때문이다. 오늘날 종교적 대화와 실천은 대개 우리가 빠르게 잃어버리고 있는 것들에 대한 탄식이나 그것들을 되살리기 위한 쓸모없는 시도들뿐이다. 차라리 우리 모두에게 다가오는 것이 무엇인지에 대해 이야기하는 것이 낫지 않을까?

사실 우리의 전통 자체가 우리가 지금 보고 있는 세계화(globalization)—바벨의 반전—를 예견한 게 아닐까? 전 지구에 걸친 단일한 전 세계 소통 네트워크의 발전, 세계를 지배하는 언어인 영어의 등장, UN 헌장과 세계 인권 선언에 주로 기반한 단일한 윤리(a single ethic)의 확산 등은 분명 매우 심오한 종교적 사건이다. 예전에 BBC가 모토로 선택했던 "나라가 나라에게 평화를 선포하고"(Nation shall speak peace unto nation)를 보면 한때 이 점이 분명했음을 알 수 있다. 하지만 애석하게도 오늘날 우리는 우리의 분리된 정체성(separate identities)을 보존하는 데에 잠겨 있다. 세계화를 오순절(Pentecost)처럼 오래된 희망의 성취로 환영하는 종교적인 글을 전혀 보지 못했을 것이다. 적어도 나는 보지 못했다. 왜 그럴까? 우리가 뭔가를 놓치고 있는 것일까?

25. 객관적 실재 없이 사는 법 배우기

　유명한 테러리스트 지도자이자 서구 문화 비판자인 오사마 빈 라덴은 서양 사람들이 삶을 지향하는 반면, 자신과 자신의 동료들은 죽음을 사랑한다는 철학적 주장을 했다. 그가 보기에는 죽음을 지향하는 삶이 그저 삶을 긍정하는 데 만족하는 삶보다 도덕적으로 더 우월하고, 더 원대하고, 더 전통적이고, 종교의 가르침에 더 부합한다.

　어떤 면에서는 그가 옳다. 하지만 우리가 곧 보게 되겠지만, 그가 말한 것 중 일부는 처음에는 놀랍다. 좋은 삶이란 죽음을 생각하고 주로 죽음을 대비하며 보내는 삶이라는 가르침은 플라톤주의와 가톨릭 신앙에 필수적이다. 복음서에서 예수의 두 제자인 야고보와 요한은 예수의 나라에서 예수의 오른쪽과 왼쪽의 중요한 자리를 요구한다. 예수는 그들이 무엇을 요구하고 있는지 모른다고 대답한 것으로 그려진다. "내가 마시는 잔을 너희가 마실 수 있고, 내가 받는 세례를 너희가 받을 수 있느냐?" 이 말의 뜻인즉 내 길은 고통과 죽음의 길이요, 신앙을 고백하는 자와 순교자의 길이라는 것이다. 종교인이 추구하는 목표를 이루기 위해서는 매우 꺼려지는 죽음을 받아들일 준비가 되어 있어야 한다. 최고선(最高善)은 그 죽음 저 너머에 위치해 있기 때문이다.

　여기서 끝이 아니다. 우리의 전통 안에서는 철학과 종교만 죽음을 바라본 것이 아니고 어떤 면에서는 정치도 그러했다. 영국의 "명예혁명"과 자유주의적 자본주의가 등장하기 이전의 시기에는 자신의 부와 권력을 늘리고 싶은 영웅들은 칼이 그 목표를 이루기 위한 유일한 수단이라고 보았다. 부는 땅과 엮여 있었고, 땅을 얻고 지켜내는 것은 결국 칼이었다. 왕은 군사 지도자였고, 군인은 매우 영예로운 직업으로 여겨졌다. 젊은이들은 놀라운 수준의 군대 윤리로 양육되었다. 나 역시 영국의 홈 카운티스에 있는 편안한 중산층 학교의 "학생 군사훈련단"(Cadet Corps)에서 복무해야만 했다. 남자들은 조국을 위해 죽을 각오를 하며 자라난다. 나도 그랬던 것으로 기억한다.

돌아보면 우리 문화 전체가 놀라울 정도로 죽음을 지향하고 있었다. 수세기가 흐르고 나서야 진정으로 부를 창출하는 사람은 나폴레옹 같은 위대한 군사 지도자가 아니라, 상인이자 자유 무역주의자이자 공학자이자 국제협정의 교섭자였던 콜버트(Colbert) 같은 행정가라는 것을 알게 되었다. 우리의 세속 문화가 번영을 향해 돌아서게 되면서 이 생에서의 평화와 안녕은 죽음을 지향하는 전통주의의 강한 도덕적 반대 앞에서 어려움을 겪게 되었다. 칼이 계산대를 무시하는 것처럼, 땅을 소유한 군인 계층은 '장사'(trade)를 무시했다.

오늘날에도 여전히 갈 길이 멀다. 오늘날에도 종교의 요청은 언제나 이전의 방식으로 **되돌아가라**는, 즉 조상들의 집, 언어, 미덕, 관습, 노래, 불평 등으로 되돌아가라는, **뒤로의** 요청이다. 우리가 우리와 종교의 관계에 대해 궁금해 하며 옛날 마을의 교회를 방문하게 되면, 과거의 농업문명 속에서 살던 조상들의 옛날 생활에 잠겨드는 매력에 빠져들게 된다. 우리는 토머스 그레이의 ≪시골 교회 묘지에서 쓴 엘레지≫의 분위기로 들어서게 된다. 우리에게 종교가 요청하는 것은 우리보다 훨씬 의식 있고 덜 불안한 시대로 되돌아가라는 요청이다. 우리는 그들에게로, 그들의 익명의 잠재적 복종으로, 내재와 순수한 객관으로, 사실상 죽음으로 돌아가고 싶어진다. 왜냐하면 우리가 진정 원하는 것은 이 교회 묘지에서 잠자고 있는 사람처럼 되는 것이기 때문이다.

따라서 우리는 자연스럽게 종교를 근원적 안전(primal security)과 공동체의 안락함(communal ease)으로 돌아가려는 열망과 연관짓는다. 우리는 편안함을 꿈꾸는 속에, 내재와 순수한 객관성 속에, 간단히 말해 죽음 속에 잠기고 싶어 한다. 하지만 삶의 종교(religion of life)는 우리를 정확히 반대의 가치로 이끈다. 삶의 종교가 우리에게 말해주는 것은 우리의 문화가 특히 지난 4~500년 동안 발전시켜왔던 방식은 우리로 하여금 비판적 사고에 몰입하도록 만들었으며, 기존의 객관적 실재를 모두 상실하도록, 높은 수준의 의식에 도달하도록, 우리 자신의 공통의 인간 세상과 공통의 가치를 창조하도록 우리를 이끌어 왔다는 것이다. 삶의 종교는 인간의 조건에 대한 이와 같이 상대적으로 새로운 비전을 이해하고 수용하려는 시도이다. 우리는 이제 군인보다는 예술가에 가깝다. 우리는 창조적이고 긍정적으로 사는 법을 배워야 한다. 과거 유형의 종교에서 우리는 삶을 순례(pilgrimage)로 보았고, 마치 방랑하는 철학자나 선교사나 군인처럼 규칙의 지배를 받는 훈련된 순회자의 삶(itinerant life)을 살았다. 행복은 우리가 추구하는 죽음 이후에나 오는 것이다. 새로운 유형의 삶의 종교에서는 우리가 물질적으로 훨씬 더 안정된 삶을 살지만, 과거 시대 사람들이 도무지 참을 수 없다고 생각했던 회의주의(scepticism)와 허무주의(nihilism)를 어느 정도는 받아들이고 활용해야 한다. 삶은 어려운 일이다. 재협상, 타협, 재평가가 계속되는 일이다. 하지만 이제는 과거보다 좀 더 **열심히** 살 수 있고 즐길 수 있다. 왜냐고? 우리에게 삶에 대해 의심하고 삶으로부터 스스로 거리를 두라고 가르쳤던 이전의 모든 철학적 종교적 이데올로기들이 모두 죽고 난 지금, 우리는 삶이 숨 쉬는 것보다 더 우리에게 가까우며 손발보다 더 가깝다는 것을 발견하기 때문이다. 삶은 우리이고, 삶은 이 모든 것, 현재이다.

26. 상징적 표현 속으로 지속적으로 죽음으로써 살기

　자아와 행동에 대한 우리의 생각을 시간 내에 일관되게 형성하는 일은 쉽지 않다. 성경은 모든 것을 하느님께 돌림으로써, 하느님께 모든 지배권을 돌림으로써 힘 있게 이 모든 문제를 해결한다. "그분께서 말씀하시자 그것들(천체들)이 만들어졌고, 그분께서 명하시자 그것들이 창조되었다."(역자 주: 시편 33:9. 저자는 Douay-Rheims Bible에서 인용하고 있다.) 하느님의 발언이 곧바로 "확고한", 그리고 "영원히 확립된" 사실들을 창조하고, 하느님 스스로는 당신의 활동에 영향을 받지 않은 채 동일하게 남는다. 우리 인간은 그 정도로 밖에는 말할 수 없다. 이 시대에 우리의 대화는 일시적인 사실만의 세상을 확립할 뿐이고, 우리 자신 역시 우리 대화의 덧없는 산물일 뿐이다. 우리의 감각 경험은 무상하며, 우리의 이론들은 지속적인 논의와 수정의 대상이어서, 우리에게는 덧없는 타협의 세상만 있을 뿐이다. 덧없는 법칙들, 그것이 전부다.

　개인이 태양처럼 살아가는 것이 어떻게 작동하는지에 대해 좀 더 자세한 설명이 필요해 보이는데, 여기서 나는 거의 200년 전의 쇼펜하우어의 모델이 여전히 유용하다는 것을 발견한다. 인간 개인은 지속적으로 표현을 쏟아내고 추구하는 감정적 충동의 간결한 묶음이다. 70년에서 90년에 이르는 우리의 생애 동안 우리의 심장은 빠르든 느리든 수도 없이 뛸 것이고, 우리는 빠르든 느리든 수도 없이 호흡할 것이고, 따라서 우리의 삶은 생애 동안 태우게 될 강렬하게 압축된 감정적 에너지를 가지고 시작하는 것으로 보인다. 처음에는 매우 격렬하게 태우고, 아기의 폭력적인 감정들은 매우 빠르게 변한다. 하지만 점차로 우리는 느려진다. 이제 나는 한 살짜리 손주들이 하루에 사용하는 만큼의 감정적 에너지를 몇 달이 걸려야 다 태우는 것 같다.

프로이트가 "본능적" 충동이라고 부른 이 감정적 충동들은 상반되는 것들의 짝으로 구성되는 경향이 있고, 대개는 가장 쉽게 확장될 수 있는 외부 객체나 행동 유형에 빠르게 고정된다. 하지만 많은 경우 객관적 희열이라는 것은 존재하지 않는다. 예를 들어, 어린아이가 갑자기 끓어오르는 분노의 대상을 진짜로 죽일 것을 바랄 수 없다.(혹시 그 대상이 진짜로 죽는 경우 어린아이는 자기가 죽음을 초래했다고 여기게 될 것이다. - 프로이트의 "소원의 전능감"[omnipotence of wishes].) 대개의 경우 우리는 우리 소원의 환상 희열, 또는 **상징적 희열**에 만족해야 한다. 특별히 사회가 공공질서와 평화를 위해 나 자신이 원하는 대상을 얻지 못하도록 할 때, 또는 내가 살아가는 환경이 너무 좁아 내가 원하는 것을 공급받는 것이 제한될 때 그러하다. 그런 경우, 내 이상형을 찾을 수 없을 때, 나는 반려견을 키우거나 ≪제인 에어≫를 쓰는 것에 만족해야만 한다.

이런 까닭에 우리는 대부분의 문화적 종교적 활동 속에서 사회적으로 수용되는 상징적 배출구를 통해 우리의 감정들을 방출함으로써 그 감정들을 해소하고자 한다. 만약 내가 예술이나 종교에서 내 안에서 충돌하는 서로 다른 감정들을 단번에 해소할 수 있을 만큼 충분히 강력한 표현 방식을 발견할 수 있다면, 나는 이러한 예술작품을 만듦으로써 또는 그러한 전례과정을 통과함으로써 "자제할 수 있다"고 말할 수 있다. 즉 안도감을 느끼고 총체 또는 통합된 느낌을 갖게 된다. 그리고 나는 사랑, 경외, 존경, 감사 등 나의 강력한 감정들을 확장할 수 있는 대상들에 최고의 가치를 부여한다.

대체로 프로이트식인 이와 같은 설명은 우리의 평생에 우리가 창조적이고 표현하는 활동에 매진함으로써 공동의 인간 세상을 풍요하게 만들고 동시에 개인적인 구원을 발견할 필요가 있다고 말하며, 또한 우리가 태양처럼 살아가기(solar living) 위한 이론을 다듬을 수 있는 배경을 제공한다.

그렇다면 태양처럼 살아가기는 종교생활에 대한 전통적인 서양의 설명을 정확히 뒤집는 것이다. 이는 지속적으로 자신을 드러냄(self-outing)으로써, 즉 표현함으로써 사는 것이다. 이를 보면 현대인들이 자기를 **선언하는 것**, **스스로를 드러내는 것**, 숨기지 않고 거리낌 없이 대중 속에 스스로 존재하는 것이 가능하다고 느끼는 것을 왜 그리 중요시하는지 이해할 수 있다. 그러나 중세 이후 서양에서 개인의 종교생활은 대체로 반대 방향으로 움직였고, 따라서 두 번째 '내적인' 또는 '영적인' 삶이라고, 즉 영혼이 그 기반(Ground)이자 목적지(End)인 보이지 않는 하느님과 연결되는 숨겨진 내부의 삶이라고 묘사되었다. 종교에서 사용된 언어는 육체와 영혼을, 외적 모습과 내적 실재를 날카롭게 구분하였다. 모든 사람은 배우 또는 스파이처럼 두 세계에서 두 차원의 삶을 사는 양서류였다. 밖으로 드러나는 육체의 삶은 보이는 이 세상에서 다른 사람들과 사회적 관계를 맺는 삶이었고, 동시에 모든 것을 영원하신 하느님과 계속해서 연관 짓는 내적인 두 번째 삶을 살기 위해 스스로의 일부를 억제해야만 했다. 종교 수행을 하려면 고독과 정적을 찾아서 가만히 앉아 눈을 감고 명상에 잠긴 채 자기 내부의 정신적 공간으로 들어갔다.

나는 이와 같은 서양의 전통적 그림을 전적으로 거부하며, 영원과 직통으로 연결되는 내적 핵심 자아(interior core-self) 같은 것은 없다고 믿는다. 우리는 결국 시간 속에서 살아가는 우리 자신의 외부의 삶(outer lives)이다. 그리고 자신을 표현하는 우리의 공적 삶이 바로 우리의 종교적 삶이다. 존재하는 것은 사물을 외부로 일순간 드러내는 것뿐이다. 우리의 언어는 바깥이 없는, 단일한, 인간의 연속체(human continuum)이며, 우리의 언어가 우리에게 주는 세상 역시 바깥이 없는 단일한 연속체이다. 하나의 세상만 존재하며, 하나의 자아만 존재한다. 우리는 이중적인 양서류 피조물이 아니고, 종교는 일상의 세상이 아닌 다른 세상과는 관련이 없다. 종교는 그저 도달 가능한 삶에 우리 자신이 좀 더 긍정적이고 생산적으로 연관되도록 노력하는 우리의 활동이다. 물론 쉽지는 않다. 우리가 우리 자신을 포함하여 모든 것의 실체 없음, 불확실함, 무상(無相)함을 정면으로 보는 법을 배우고, 그 모든 것 앞에서 삶을 긍정하는 용기와 믿음을 발견하지 않는 한, 그 삶에 도달하지 못할 것이다. 경고하건데 이 모든 것이 험난할 것이다.

"내 주변의 객관적 세상은 현재 충분히 견고해 보이고, 확립된 내 성격은 매우 확고해 보인다"고 말할 수도 있다. 그런데 왜 모든 것을 일순간 드러내는 사건들로 환원하려고 애쓰느냐고? 나의 대답은 분석의 문제라는 것이다. 우리가 현재 우리 주변에서 보는 객관적 세상은 물려받은 것이다. 인간의 과거가 남긴 것이고, 사람들이 환경을 인식하고, 구별하고, 이론화하고 종종 재건한 것의 잔여물(residue)이다. 오늘날 내가 사용하는 영어 역시 수세기에 걸쳐 우리의 선조들에 의해 축적된 인간의 관습이 방대하게 모인 것이며, 현재의 우리 자신 역시 우리의 과거 행동들이 축적된 잔여물이다. 모든 경우에 축적된 관습과 행동은 객관적 실재의 감정을 만들어내고, 그것이 전부이다.

"그런데 장기 계획은 어떻게 되는 것인가? 그리고 훌륭한 일로 성취한 것은 어떻게 되나? 당신이 말하는 태양처럼 살아가기는 삶의 현재 순간에만 초점을 맞추고 있으니 영원히 남을 일을 할 수나 있을지 모르겠다"고 주장할 수도 있다. 나의 대답은 태양처럼 살아가기는 **지금**(now) 최대한 강렬하게 창조적으로 살려고 애쓰는 것이다. 우리는 인간의 집단적 미래가 대규모로 매우 불확실해진 시대에 살고 있고, 개인적으로 나는 더 이상 장기적인 미래를 기대하거나, 확신을 가지고 계획을 세울 수 없는 나이에 이르렀다. 따라서 나는 화가처럼 곧바로 손에 닿는 일에 몰입함으로써 그저 그 일을 해 나갈 뿐, 미래는 미래가 스스로 돌보도록 내버려둔다. 미래는 우리에게 아무것도 아니다. 우리는 사람들이 믿었던 영광스런 미래를 잃어버렸다. 반면, 태양처럼 살아가기는 종말론적으로 살아가는 것(eschatological living), 즉 마치 마지막 날을 사는 것처럼 살아가는 것이다. 우리는 그저 우리의 일에 신경 쓰고, 우리 자신의 일을 그 일 자체를 위해 할 뿐, 큰 그림 같은 것은 없어도 된다. 우리는 큰 그림, 즉 보편적 구원(universal redemption)에 관한 오래된 대서사(grand narrative)를 잃어버렸다. 적어도 나에게는 **지금**만이 남겨진 모든 것이다. 따라서 나는 **지금을 최대한 활용하고자** 한다.

27. 우리의 세상, 우리 공통의 민중 예술 작업

우리의 주된 일, 즉 우리의 모든 삶은 다른 사람들과의 관계, 세상의 다른 존재들과의 관계, 그들 모두와의 관계, 삶과의 관계, 특히 일시성, 우발성(삶이 우리에게 갑자기 아무거나 던질 수 있다는 뜻이다), 유한성 등 삶의 기본적 한계와의 관계를 잘 유지하는 것이다. 삶의 기술(life-skills)을 개발하려 할 때, 오늘날 사람들은 사제들보다는 라이프 코치(life coaches)의 조언을 구하는데, 그런 모든 관계들에 대처하는 법을 배우는 일은 사실 종교적인 것이다. 이 점에 대해 우리는 광범위한 공통의 실천과 상징을 개발하고 있으며, 따라서 사람들의 문화를 사람들이 공동으로 소유하고 보편적으로 인식 가능한 기호들의 총체적 합주(whole ensemble)라고 정의하는 것이 유용할 것 같다. 그렇다면 전반적인 문화 안에서 사람들의 **종교**는 현재 사용되는 상징과 실천이 공동으로 축적된 것이고, 이를 통해 사람들은 삶에 대한 공동의 이해를 표현하고, 삶에 대처하고, 삶을 기념한다.

현대 사회에서 우리는 과거로부터 남겨져 이제는 언어 전반에 걸쳐 흩어져 있는 엄청난 양의 종교 언어와 상징을 가지고 있다. 모든 상징들 중에서 종교 상징들이 결국 가장 인상적이고 강력하기 때문에 쉽게 잊혀지지 않는다. 그 상징들은 확실히 특정한 시적 유용성과 매력을 보유한 채로 결국은 성가신 존재가 될 때까지 어른거린다. 그 상징들은 우리의 시야를 가리고, 사물을 명확하게 보지 못하도록 하며, 우리가 가장 중요한 종교적 과제를 지연시킬 수 있도록 한다. 즉 우리가 우리 안에서 스스로를 위해 인간 조건의 진실을 있는 그대로 자가 발전적으로(autologously)[2] 직면할 수 있는

---

[2] 이 새로운 표현에 대해서는 나의 책 *The Old Creed and The New*를 보라.

용기를 발견할 수 있도록 한다. 전통이 지시하는 사고방식이 오래도록 지배한 결과, 우리는 병적으로 종교적인 축적을 하는 사람들(pathological religious hoarders)이 되어버렸다. 우리의 문화는 과거로부터의 고풍스런 낡은 쓰레기들, 즉 초자연적인 위의 세상, 죄, 희생, 구원, 죽음 이후의 삶에 대한 믿음 등등으로 어지럽혀져 있고, 우리 머리가 그런 잡동사니로 가득 차 있는 한, 우리는 어떤 것에 대해서도 명확해질 수 없다. 종교적 정화가 시급하다.

오랜 기간 동안 나는 독자들과 나 자신에게 그 쓰레기를 내던지도록, 즉 우리의 머리를 막고 있는 계승된 종교 언어와 상징을 의식적으로 버리고 제거하도록 설득하려고 노력해 왔다. 왜냐하면 그것이 더 이상 실제적인 종교 작업을 수행하지 않기 때문이다. 이 길을 따르는 것은 전통적인 영성이 정화의 길(Purgative Way)이라고 묘사했던 것을 따르는 것이다. 과학 지식이 발전한 것은 체계적인 비판과 현재 지식으로 통하는 것을 정화함으로써 발전한 것처럼, 종교에서도 우리는 우리가 물려받은 종교적인 내용 중에서 실체가 없거나 문제가 있는 것들을 모두 비판하고 추방할 필요가 있다. 우리가 점점 더 벌거벗겨지고 믿음이 없어지게 되면서 우리는 자아의 붕괴를 경험하기 시작한다. 목표는 결국 인간 조건의 진실(the truth of the human condition)을 자기기만 없이 냉정하게 바라보는 것이다. 우리는 삶이 무엇인지, 그리고 오늘날 우리가 무엇을 기반으로 우리 자신의 삶을 살아갈 수 있는지를 좀 더 명확하게 보게 되었다. 아무 도움 없이 자전거 타는 법을 막 배운 어린아이처럼, 우리는 삶을 신뢰하는 기법을 배워야 한다. 그래야 존재의 텅 빈 흐름 속으로 뛰어들어 그 안에서 흘러갈 수 있다. 우리는 삶이 지속되는 동안 삶을 신뢰하는 법, 삶을 사랑하는 법, 삶을 즐기는 법을 배워야 한다.

간단한 것 같지만 사실 엄청 가혹한 것이다. 우리는 허무(Nihil)를, 죽음과 재탄생처럼 느껴지는 어떤 것을 통과해야 한다. 하지만 통과 후 닿게 될 저 너머에는 종교적 갱신과 광범위한 문화적 갱신의 가능성이 기다리고 있다. (칸트, 니체, 하이데거 등 현대 철학자들의 도움으로) 허무주의의 길로 들어서게 되면, 수만 년에 걸쳐 우리에 의해 조금씩 진화해 온 우리 세상이 얼마나 혼합되고 복잡하고 때로는 아름답고 때로는 초라하고 뒤죽박죽인 민중 예술 작업인지를 알게 된다.

이 기본적 진실, 즉 세상은 오직 인간의 관점에서만 이해되었다는 점, 우리가 알아왔던 혹은 **알 수 있는** 유일한 세상은 이미 해석된 세상이라는 점, 결과적으로 우리에 의해 **구성된** 세상이라는 이 기본적인 진실이 종교와 철학에 의해 너무도 자주 은폐되었다. 샤먼들, 영매들, 황홀경에 빠진 예언자들, 환상을 보는 사람들, 계시를 듣는 사람들은 의식이 변화된 상태에서 하늘 세상으로부터 자기들 머리로 곧바로 연결된 더 높고 초인간적인 사태의 진실을 얻는다고 생각해 왔다. 형이상학자들은 인간의 이성이 제대로 훈련된다면 어떻게든 자연을 초월하고 우리를 우리 자신 위로 들어 올리는 데에 사용될 수 있다고 생각해왔다. 하지만 모든 명제식 사고(propositional thought)—참이냐 거짓이냐 식의 사고—가 철저히 언어에 의존한다는 것을 이해할 때 우리는 그러한 환상으로부터 바로 해방될 수 있다. 세상은 언제나 우리의 세상이다. 우리가 접근할 수 있는 유일한 세상은 우리가 이미 우리 것으로 만든 세상이다. 세상이라는 단어가 익숙한 "셰익스피어의 세상" 같은 표현처럼 "한 사람의 시대 또는 시기"(weoruld)를 뜻한다는 것을 알고 있었는가? 이 말은 그의 시기, 그의 '시대', 또는 그의 삶의 정황을 뜻한다. 따라서 우리의 세상은 거대한 절벽처럼 여러 층으로 이루어진 거대한 역사적 축적물, 즉 수만 년에 걸쳐 인간의 대화를 통해 축적된 산물이다. 그리고 개인의 세상은 우리 공동의 세상에서 여러 방식으로 개인이 선택하여 서서히 자신을 둘러싸도록 한 것으로서 그 사람이 누구인지를 적어도 부분적으로 반영하게 된다. 그러므로 우리는 너 자신(your self)이라는 말과 세상(the world)이라는 개념을 **너의 삶**(your life)과 **너의 세상**(your world)이라는 말로 대체함으로써 오해를 줄이고 좀 더 정확해질 수 있다. 너의 삶과 너의 세상은, 너의 삶의 평면(plane)인 한 면(interface)의 주관적인 면(surface)과 객관적인 면(surface)이다.

우리는 이제 종교적 사고의 새로운 '구조'(framing)의 가능성을 살펴볼 것이다. 칸트는 지식에 대해 완전히 비판적인 평가 개념을 도입하였고, 마르크스는 사회 안에서 인간의 권력 관계에 대해 공평하게 철저한 비판 개념을 도입하였다. 그렇다면 삶에 대한 비판의 가능성은 어떠한가? 개인적으로 보자면, 이는 나 자신의 삶에 대한 나의 비판이 될 것이다. 요컨대, 자기 점검에 대한 전통 개념의 연속인 것이다. 나는 내가 살아가는 방식을, 내가 살아가는 기준이 되는 가치를, 그리고 내 삶의 전반적인 경향이나 지향을 평가해야 한다. 물론 내가 내 바로 주변의 생활 세상(life-world)에 대해서만 비판적으로 생각하지 않고, 우리 인간이 우리 주변에 건축해 온 더 큰, 공동의 생활 세상에 대해서도 생각하기 시작할 때 세계 비판이라는 더 커다란, 객관적인 질문도 존재한다.

이 마지막 생각은 한동안 공중에 떠 있었다. 대략 50년 동안 과거 세대 사람들은 "우리는 어떤 세상을 만들어 왔는가? 우리는 다음 세대에게 어떤 세상을 물려주고 있는가?" 하는 질문을 던져왔다. 두 차례 세계대전과 그 후 이어진 재건에 대한 논란들을 통해, 많은 일반인들이 처음으로 역사와 세상 만들기에 대한 자신의 책임에 대해 생각하게 되었다. 그러므로 나는 한 세대로서의 "우리"가 우리의 집단적 세상 만들기에 대해 책임이 있다는 생각은 1960년대 어간에서야 시작되었다고 생각한다.

오늘날에는 지구 온난화와 기후 변화가 그저 사람들의 관심을 끄는 대화 주제 정도가 아니라 '실제'라는 것을 깨닫기 시작하면서 이 모든 주제들이 훨씬 더 절박해졌고, 기어이 한 단계 높아졌다. 우리는 우리의 과학과 기술, 산업 및 경제체제가 어떻게 우리를 이끌어 우리의 공동 세상을 구축하게 되었는지 생각하기 시작했다. 현재의 점증하는 위기 속에서 우리는 하이데거의 철학 속에 있는 현대 기술에 대한 비판 및 관련 주제들을 떠올릴 수밖에 없다. 그러면 우리는 우리의 세상과 우리의 삶의 방식 모두가 신의 심판을 받게 되어 있다는 과거의 생각을 현대의 형태로 되살리는 종교적 **세계 비판**(religious world-critique)의 가능성에 대해 생각할 수 있다.

우리 삶의 세상 전체에 대한 그러한 종합적인 비판이 시작되는 지점은 충분히 명확하다. 우리는 데카르트의 철학 속에 있는 근대 초기 이성의 낯선 "천사주의"(angelism)를 언급하는 것으로 시작한다. 과학적 관찰자는 분리되어 거리를 둔 채, 바깥 어딘가에서 보는 것처럼 물질 세상을 바라본다. 과학적 연구자·수학자는 마치 자연 법칙을 도출하듯 신의 이성(the divine Reason)을 추적한다. 과학자의 이러한 기이한 정신적인 생각이 훗날 기술이 세상을 우리가 원하는 대로 착취할 수 있는, 바깥에 널린 움직이지 못하고 이용 가능한 천연자원이라고 여기도록 하는 길을 열었다. 만약 우리가 영혼이라면, 우리가 가장 사랑하는 것은 자유, 권력, 그리고 독일인들이 "세계 지배"(world-mastery)라고 불렀던 것이다. 그러므로 우리는 우리의 기술과 산업사회를 그런 관심에 따라 발전시켰고, 그 결과가 이제 우리에게로 돌아오고 있다. 그리고 이것으로 새로운 삶의 종교가 현재와 같은 인간 세상에 대한 대규모 종교 비판을 수행할 수 있음을 보여주기에 충분하다.

한 가지 주의할 것이 있다. 어디에서 어떻게 우리가 잘못 갔는지를 묻는 부정적인 비판은 쉽고, 이미 하이데거와 자크 엘룰을 비롯한 여러 사람이 대규모로 진행했다.3) 훨씬 더 중요하고 **훨씬 더 어려운** 일은 우리가 더 잘할 수 있다고, 즉 우리가 스스로를 파괴하기 전에 집단으로 우리 자신에 대해, 삶에 대해, 세상에 대해, 사랑, 즉 세계 사랑과 영원한 행복에 대해 전반적으로 새로운 생각으로 바꿀 수 있고 또한 바꿔야만 한다고 대중을 설득하는 일이다.

---

3) Martin Heidegger, *The Question Concerning Technology*를 보라. 이 유명한 에세이는 지구 온난화와 기후 변화에 관한 우리의 현재 논의에 중요한 질문을 제기한다. "우리를 이와 같은 혼돈으로 이끈 것이 기술적 사고방식이라면 우리는 어떻게 더 많은 기술이 우리를 건져낼 것이라고 생각할 수 있는가?"

하이데거가 스스로에게 던진 질문도 있다. "동물들 사이의 도구 사용은 인류보다 오래되었고, 인간의 손이 마주보는 엄지를 가지도록 진화하는 데 영향을 끼친 게 분명하다. 아마도 처음에는 인간이 생존하는 데 필요했기 때문에 일부 기술을 사용하게 되었을 것이다. 어쩌면 인간이 기술을 만들었다기보다 기술이 인간을 만든 것이 아닐까? 하이데거는 **이에 대해** 뭐라고 말할 수 있을까?"

현재주의

28. 현재와 같은 시간은 없다

철학에서 '현재주의'(Presentism)라는 용어는 모든 젊은 사람들이 때때로 고려하는 철학적 입장, 즉 현재만이 실재한다고 여기는 견해를 기술하는 데 사용된다. 과거는 지나가버렸다. 멀어지는 순간 곧바로 돌이킬 수 없게 되는 것이다. 그리고 미래는 아직 오지 않았다. 따라서 현재만이 있다.(요상한 질문이긴 한데, 과거가 존재하지 않는다면, 과거에 대한 진술이 참이나 거짓일 수 있는 걸까?) 그렇다면 현재는 무엇인가? 아직 오지 않은 것과 이미 지나간 것 사이의 움직이는 선이나 칼날 같은 깊이 없는 접촉면(interface)인가? 현재의 순간에 어느 정도 너비 또는 두께가 있어야만 우리 앞에 있는 광경을 보면서 우리 눈이 깜빡일 시간이 확보되고, 우리의 뇌가 바로 **지금**의 세상의 모습을 구축할 시간이 확보된다. 그렇다면 어느 정도의 두께여야 할까? 나는 대강 0.1초 정도로 추측한다. 그런데 그러면 또 문제가 생기는 것이, 우리가 세상에 대한 현재 그림을 구축하고, 그것을 해석하고, 우리가 무엇을 할지 결정할 때 사용하는 기관(apparatus)의 양이 매우 많게 된다. 여기에는 사물들이 보통 작동하는 방식에 대한 우리의 언어, 우리의 지식, 우리의 경험이 모두 포함된다. 그리고 이 기관들 대부분은 과거의 인간 사회에서 진화하는 데 수천 년이 걸렸다. 이것이 의미하는 것은 최소한 축적된 과거 모두에 비추어 현재를 보는 것에서 시작한다는 것이다. 따라서 과거는 어떤 의미에서 여전히 주변에 있고 여전히 영향력이 있다. 그렇다면 현재는 "우리가 지금까지 구축하여" 계승해 온 세상의 위에 지금 추가된 꼭대기층(a top layer)이라고 볼 수 있다. 그리고 우리가 축적된 과거를 여전히 주변에 있는 것으로 생각하게 된다면, 우리는 그러한 과거에 대한 진술이 참인지 거짓인지를 좀 더 쉽게 파악할 수 있다. 이런 경로를 통해 우리는 완료시제와 미완료시제를 구분하는 것으로 시작되는 시간을 보는 방법에 도달하게 되었다. 지금까지 '완료된' 것으로의 세상은 우리의 모든 과거 해석으로 만들어지며, 다른 것 위에 차곡차곡 쌓이는 거대한 케이크의 층이다. 그렇다면 현재는 그 맨 윗면, 즉 케이크의 맨 윗면이고, 오늘의 해석이 과거의 모든 해석들 위에 놓이게 된다. 미완료의 경우, 이 용어가 가리키는 것은 아직 이루어지지 않은 것이다. 미완료는 계획되거나, 예측되거나, 예언되거나 할 수 있지만, 아직은 실제로 일어나지 않은 것이다. 아직은 오지 않은 것이다.

이것은 우리가 시간에 대해 생각하려 할 때 시도해볼 수 있는 여러 모델들 중 하나일 뿐이다. 컴퓨터로 단어 수를 세는 프로그램이 최근에 발견한 것은 영어에서 **시간**(time)이 가장 흔히 사용되는 일반명사라는 것이고,[1] 모두가 한 번쯤은 이 주제가 얼마나 손에 잡히지 않는 어려운 주제인지 느꼈을 것이다. 하지만 어느 모로 보나 현재는 행동이 있는 곳이다. 현재 진행되는 것을 과거에 비추어 봐야 하고, 따라서 지금까지 축적된 세상인 과거의 꼭대기 위에 놓아야 마땅하다는 점을 강조하고 싶어 하는 사람들과 반대로 과거에 매이고 싶지 않은 사람들 사이의 논쟁은 항상 있을 수밖에 없다. 이들은 과거와 단절하고 우리의 인식을 새롭게 하고 싶어 한다. 전자는 우

---

[1] '생명'(life)은 9번째다.

리가 실재로 여기도록 배워온 것들 안에 머물고 싶어 하는 전통주의자들처럼 들리고, 후자는 **실제 세상**, 즉 우리와 너무 많이 함께 있는 세상으로부터 탈출하여 어린아이가 경험하는 즐겁고 순수한 신선함을 회복하고 싶어 하는 워즈워스 부류(Wordsworthians)처럼 들린다. 전자는 스스로를 자기들 뒤에 오랜 세월 역사적으로 진화한 전통을 가진 사람들로 여기는 빅토리아 시대의 역사주의자들(historicists) 같고, 후자는 밝은 색과 순수한 눈과 새로운 시작을 좋아하는 야수파와 청기사파(*Blaue Reiter*) 등의 현대 화가들 같다.

종교에서도 우주적 타락과 구속이라는 광대한 대서사에 대한 믿음에 의지하여 결국 영원한 행복을 쟁취하려고 소망하는 사람들에게 저항하는 비슷한 반응이 있었다. 이 이야기는 (그들이 보기에) 그들이 속한 사회의 일반적인 세계상과 일치했고, 그 대부분은 성경이 가르치는 것이었고, 그것이 오늘날 개인에게 적용되는 한, 그것은 개인의 경험과 대체로 맞아떨어진다. 개인은 이렇게 말할 자격이 있다고 느낀다. "그건 내 이야기이기도 해. 그 거대한 계획 속에 내 자리도 있고, 내가 만약 신실하고, 거룩한 백성의 일원이 된다면, 나는 개인적으로 역사의 마지막에 최종 영광의 한 부분을 차지하게 될 거야."

이 전형적인 형식의 서방 기독교 또는 로마 가톨릭의 경우 개인이 자기 삶 속에서 종교의 의미를 깨닫는 것은 우주의 역사에 관한 대서사가 참이고 자신의 삶이 실제로 그 대서사에 부합한다는 개인의 확신에 달려 있다. 따라서 개인의 구원은 우주적 화자(Cosmic Narrator)에 의해 교회를 통해 보증된다. 이런 구원 이해는 존 밀턴과 존 번연의 시대, 찰스 2세가 통치하던 시대, 왕립학회가 설립되고 아이작 뉴턴이 활동하던 시대까지는 괜찮았다. 그 이후로 과거의 대서사는 수천 가지의 제한으로 인해 죽음을 겪어야 했고, 이제는 아무것도 남지 않았다.

이 엄청난 규모의 지적 위기에 대한 반응으로 종교적 사고는 반대쪽 극단으로 치달았고, 우리의 종교적 믿음을 검증하기 위해 역사의 종말까지 기다릴 필요가 없다고 주장하기 시작했다. 그 작업은 바로 지금, 개인의 현재 경험 속에서 일어날 수 있다는 것이다. 이러한 주장은 18세기 중엽의 초기 영국 복음주의자들에 의해, 특히 자연철학의 "실험적 검증"(experimental verification)이라는 모델을 통해 분명하게 제기되었다. 이들은 개인적 회심, 구원의 은혜를 개인적으로 체험하는 것, 개인의 신앙의 진실성에 대한 분명한, 현재시제의, **공적인** 증거를 제공하는 눈에 띄는 삶의 변화를 강조하였다.

당연하게도 복음주의자들은 그때나 지금이나 매일의 성경공부와 매일의 신앙을 밀접하게 결합시킴으로써 아무도 자신의 종교적 경험이 정확히 어떤 종교적 견해를 검증했는지 의심할 수 없도록 만든, 성경적 "근본주의자들"이다. 하지만 현재 논의에서 중요한 것은 개인 구원의 진실성이 **지금 여기서** 개인의 주관—개인적 체험—을 통해 검증 가능하다는 복음주의자들의 확신이다. 적어도 이 점에서 복음주의자들은 단순한 반동주의자들이 아니라 현대성의 지적 도전에 대해 적극적인 응답을 시도한 사람들이다.

따라서 뉴턴의 시대에는 오랜 기간 우주적 대서사의 용어로 신앙을 입증해 왔다. 하지만 두세 세대 정도가 지나자, 모든 것이 지금 현재의 신의 은혜, 개인적 회심, 기쁨, 구원의 확신 등으로 축소되어 다시 초점이 맞추어졌다. 이런 스펙트럼의 양쪽 끝 모두 거의 틀림없이 칼빈의 글에 기초하고 있다.

다른 종교들, 특히 불교에서도 똑같은 대조를 볼 수 있다. 일부 저자들은 재탄생과 소멸이라는 광대한 우주적 윤회를 기술하면서 개인이 최종 해탈을 성취하려면 수천 번의 삶이 필요하다고 말한다. 한편 다른 전통에서는 올바른 유형의 신앙 행동과 자기 포기(self-surrender)를 통해 즉시 깨달음(satori)을 얻을 수 있다고 말한다.

오늘날 우리는 세계 역사가 마지막 때에 최종 구원 또는 인간의 보편적 해방을 향해 움직인다고 기술하는 정치적 및 종교적 대서사들이 모두 최근에 최종적으로 붕괴되었음을 분명하게 인식하고 있다. 세계 역사를 위대한 목적을 성취하는 방향으로 가고 있는 것으로 그리던 모든 이야기들이 죽었다고 웅변적으로 힘차게 말했던 초기 인물들 중 하나가 니체였고, 따라서 니체는 이제 우리가 지금 여기서, 지금 현재 "삶의 의미"를 찾아야 한다고 결론내렸다. 하지만 니체의 생각은 한 세기가 지나 1980년대 말에 공산주의가 지적으로 도덕적으로 갑작스레 붕괴하고서야 비로소 일반적으로 받아들여지게 되었다. 최후의 위대한 대서사는 갑자기 죽었다. 똑같은 이야기의 자유주의 버전과 기독교 버전 역시 분명 그다지 건강한 상태가 아니다. 그 이후로 종교적 사고에서 현재의 순간, 주관적 경험, '영성' 등을 향한 어떤 전환이 있었다.

내가 이 모든 것을 제시하는 것은 내가 왜 새로운 일상의 종교(new Religion of Ordinary Life)가 우선 개인에게 주목하는지를 설명하기 위한 것이다. 개인에게 주목한다는 것은 삶에 관한 개인의 질문, 비관주의와 미래에 대한 구름이 잔뜩 낀 전망으로 위협받는 개인의 생각, 삶의 영원한 한계를 받아들이는 방법을 찾아야 하는 개인의 **현재** 필요(present need)에 주목하는 것이고, 따라서 개인이 지금 여기서 충만하게 살고, 현재 순간의 삶 속에서 영원한 기쁨을 발견할 수 있다는 메시지에 주목한다는 것이다. 많은 비평가들이 볼 때 내가, 2천 년 전에 "내가 구원을 받으려면 무엇을 해야 합니까?"라고 질문했던 과거의 "세계 신앙들"이 지닌 과도한 개인주의를 반복하는 것으로 보일 것이다. 이에 대한 나의 답변은 우리가 지금 살고 있는 상황

(context), 즉 지적 허무주의, 단순 소멸로서의 개인의 죽음, 그리고 인류 전체에 대한 암울한 전망 등 우리가 현재 살고 있는 상황을 보라는 것이다. 그 모든 것들 앞에서 나는 무엇보다 내가 살아갈 수 있는, 그리고 **지금** 잘 살 수 있는 터전을 찾을 필요가 있다. 나는 나 자신을 보다 더 넓은 사회 속에 두는 것을 고려하기 전에, 나 자신을 위한 생활 방식(a *modus vivendi*)이 필요하다.